Duden

WISSEN » ÜBEN » TESTEN

Latein

3., aktualisierte Auflage

1.
Lernjahr

Dudenverlag
Berlin

Bibliografische Information der Deutschen Nationalbibliothek
Die Deutsche Nationalbibliothek verzeichnet diese Publikation in der Deutschen Nationalbibliografie; detaillierte bibliografische Daten sind im Internet über http://dnb.dn-b.de abrufbar.

D C B
Bibliographisches Institut GmbH
Mecklenburgische Straße 53, 14197 Berlin

Redaktionelle Leitung Anika Donner
Redaktion Linda Strehl
Autoren Maria Anna Söllner, Johannes Eichhorn, Dr. Stefan Gerlinger, Maike Weber, Linda Strehl (Klappe)

Herstellung Maike Häßler
Layout Horst Bachmann
Illustration Carmen Strzelecki
Umschlagabbildung Fotolia

Satz Katrin Kleinschrot, Stuttgart
Druck und Bindung AZ Druck und Datentechnik GmbH
Heisinger Straße 16, 87437 Kempten
Printed in Germany

ISBN 978-3-411-72723-0

Auch als E-Book erhältlich unter: ISBN 978-3-411-90873-8
www.duden.de

Inhaltsverzeichnis

1 Grammatische Grundbegriffe

2 Der einfache Satz

3 Weitere Kasus

4 Adjektive

1 Grammatische Grundbegriffe

1.1 Wortarten

Der Wortschatz jeder Sprache lässt sich in zwei Gruppen unterteilen: in Wörter, die **verändert** werden können und in Wörter, die **nicht verändert** werden können.	*veränderlich:* der Bach, des Bach**es,** die Bäch**e;** schön, schön**er,** am schön**sten** *unveränderlich:* und, weil, außerdem
Die Gruppe der **veränderlichen Wörter** besteht aus den Nomina und den Verben. Zu den **Nomina** gehören:	
■ **Substantive** (Hauptwörter). Sie beschreiben Lebewesen, Dinge und Begriffe.	Mensch – homo, Haus – domus, Meinung – opinio
■ **Adjektive** (Eigenschaftswörter). Sie beschreiben Eigenschaften eines Substantivs.	gut – bonus, schlecht – malus, gravis – schwer
■ **Pronomina** (Fürwörter). Sie ersetzen ein Substantiv oder weisen darauf hin.	er – is, mein – meus, der – qui
Die Veränderung der Nomina nennt man **Deklination,** sie werden also **dekliniert.** Im Unterschied zum Deutschen gibt es im Lateinischen **keinen Artikel!**	der Mann – vir, die Frau – femina, das Tier – animal
Verben (Tätigkeitswörter) beschreiben Handlungen, Vorgänge oder Zustände. Die Veränderung der Verben nennt man **Konjugation,** sie werden also **konjugiert.**	rufen – vocare, hören – audire, gehen – ire, sein – esse
Die **unveränderlichen Wörter** nennt man auch **Partikeln.** Sie können weder dekliniert noch konjugiert werden.	
■ **Adverbien** (Umstandswörter) beschreiben Umstände eines Geschehens.	hier – hic, dort – ibi, heute – hodie
■ **Präpositionen** (Verhältniswörter) beschreiben Beziehungen oder Verhältnisse.	in – in, über – super, nach – post
■ **Konjunktionen** (beiordnende Bindewörter) verbinden Wörter, Wortgruppen und Hauptsätze.	und – et, oder – aut, aber – sed
■ **Subjunktionen** (unterordnende Bindewörter) verbinden Haupt- und Gliedsätze.	weil – quod / quia / cum, nachdem – postquam
■ **Interjektionen** sind Ausrufewörter.	ach! – heu!, sieh! – ecce!

ÜBUNG 1 Welche Wörter kann man deklinieren, welche konjugieren und welche kann man gar nicht verändern? Trage sie in die richtige Spalte ein.

lesen – klein – gerne – Hund – nachdem – schlafen – drinnen – rufen – unser – oder – sehen – riesig

deklinierbar	konjugierbar	unveränderlich
riesig	sehen	Hund
klein	schlafen	oder
drinnen	rufen	unser
gern	lesen	nachdem

ÜBUNG 2 Bestimme die Wortarten. Markiere durch Pfeile, welches Wort zu welcher Wortart gehört.

meine – finden – Fisch – jener – Schülerin – Buch

Verben – **Pronomina** – **Adjektive** – **Substantive**

er – teuer – Scheren – lustig – lieb – kennen – warten – hoch – euch – Tiere – springen

ÜBUNG 3 Verflixte „kleine Wörter"! Ordne sie der richtigen Wortart zu.

in – nirgends – und – neben – weil – aber – so – mit – denn – endlich – damit – sondern – ohne – obwohl – hier – indem

Adverb:

Präposition:

Konjunktion:

Subjunktion:

ÜBUNG 4 Welche lateinischen Wörter kann man deklinieren, welche konjugieren, welche sind unveränderlich? Trage sie in die entsprechende Spalte ein.

amare – pulcher – etiam – capere – nunc – magnus – clamare – miser – quia – ducere – amica – post

deklinierbar	konjugierbar	unveränderlich
post	amare	
magnus	clamare	
miser	ducere	
quia	capere	

ÜBUNG 5 Bestimme die Wortarten der folgenden lateinischen Wörter.

meus:		novus:	
imperator:	Nomen	de:	Personalpronomen
tu:	Personalpronomen	agere:	
habere:	Verb	filia:	Nomen
ante:	Präposition	bene:	Adjektiv

ÜBUNG 6 Kannst du all diese kleinen Wörter auseinanderhalten? Ordne sie zu und gib jeweils die Bedeutung mit an. Achtung: Ein Wort ist doppeldeutig – welches?

sed – bene – cum – ad – deinde – dum – ex – et – diu – postquam – neque

Präposition	Adverb	Konjunktion	Subjunktion

Das doppeldeutige Wort ist ______.

1.2 Wortformen (Deklination und Konjugation)

Die Deklination der Nomina

Bei jedem Nomen lassen sich ■ **Kasus** (Fall), ■ **Numerus** (Zahl) und ■ **Genus** (Geschlecht) bestimmen.	
Im Deutschen gibt es vier Kasus: ■ **Nominativ** (1. Fall oder Wer-/Was-Fall) ■ **Genitiv** (2. Fall oder Wessen-Fall) ■ **Dativ** (3. Fall oder Wem-Fall) ■ **Akkusativ** (4. Fall oder Wen-/Was-Fall)	*Nominativ:* der Mann – vir *Genitiv:* des Mannes – viri *Dativ:* dem Mann – viro *Akkusativ:* den Mann – virum
Im Lateinischen kommt ein 5. Fall hinzu, der **Ablativ.** Er beantwortet die Fragen „womit?“, „wodurch?“, „woher?“, „wovon?“, „wo?“ und „wann?“.	*Ablativ:* durch den Mann – viro von dem Mann – a viro
Es gibt auch einen 6. Fall, den **Vokativ** (Anredefall, ↑ S. 20), der jedoch meist wie ein Nominativ aussieht.	*Vokativ:* Hallo, Cornelia! – Salve, Cornelia!
Beim Numerus unterscheidet man ■ **Singular** (Einzahl) und ■ **Plural** (Mehrzahl).	die Frau – femina die Frauen – feminae
Es gibt im Lateinischen wie im Deutschen drei Genera: ■ **Maskulinum** (männlich) ■ **Femininum** (weiblich) ■ **Neutrum** (sächlich)	der Vater – pater die Mutter – mater das Gebäude – aedificium
Achtung: Das deutsche und das lateinische Genus stimmen nicht automatisch überein! Daher musst du das Genus immer mitlernen.	der Baum *m, aber:* arbor *f* die Sonne *f, aber:* sol *m*
Adjektive haben dieselbe Form wie die Substantive, bei denen sie stehen: Sie stehen also im selben Kasus, Numerus und Genus wie das zugehörige Substantiv. Diese Übereinstimmung nennt man **Kongruenz.**	das große Haus – aedificium magn**um** dem großen Haus – aedificio magn**o** der schönen Gattin – uxori pulchr**ae** den langen Flüssen – fluminibus long**is**

WISSEN

Die Konjugation der Verben

Bei den Verben unterscheidet man finite („bestimmte“ oder Personal-) und infinite („unbestimmte“ oder Nominal-) Formen. Bei einem finiten Verb lassen sich bestimmen: ■ **Person** ■ **Numerus** (Zahl) ■ **Modus** (Aussageweise) ■ **Tempus** (Zeit) ■ **Genus verbi** (Aktionsart)	*finites Verb:* er nimmt – capit *infinites Verb:* nehmen – capere
Es gibt drei Personen: ■ **1. Person** ■ **2. Person** ■ **3. Person** Dazu kommen die zwei Numeri ■ **Singular** (Einzahl) und ■ **Plural** (Mehrzahl).	*1. Ps. Sg. / Pl.:* ich lenke / wir lenken – rego / regimus *2. Ps. Sg. / Pl.:* du lenkst / ihr lenkt – regis / regitis *3. Ps. Sg. / Pl.:* er / sie / es lenkt / sie lenken – regit / regunt
Der Modus umfasst ■ den **Indikativ** (Wirklichkeitsform), ■ den **Konjunktiv** (Möglichkeitsform) und ■ den **Imperativ** (Befehlsform).	 er greift – capit er möge greifen – capiat Greife! – Cape!
Die Tempora können sein: ■ **Präsens** ■ **Perfekt** ■ **Imperfekt** ■ **Plusquamperfekt** ■ **Futur**	 ich liebe – amo ich habe geliebt – amavi ich liebte – amabam ich hatte geliebt – amaveram ich werde lieben – amabo
Das Genus verbi teilt sich in ■ das **Aktiv** (Tätigkeitsform) und ■ das **Passiv** (Leideform).	 er ruft – vocat er wird gerufen – vocatur

Hinweis: Den Konjunktiv, das Futur und das Passiv lernst du erst im zweiten Lernjahr kennen.

ÜBUNG 7 **Ordne die Substantive nach Numerus und Genus.**

der Schule – des Hundes – den Häusern – das Pferd –
die Polizisten – der Türen

	Maskulinum	Femininum	Neutrum
Singular			
Plural			

ÜBUNG 8 **Bilde die angegebenen Personalformen im Präsens.**

gehen	1. Person Singular	→	ich gehe
laufen	2. Person Plural	→	ihr lauft
kommen	3. Person Singular	→	er/sie/es kommt
rufen	1. Person Plural	→	wir rufen
holen	2. Person Singular	→	du holst

ÜBUNG 9 **Maskulinum, Femininum oder Neutrum? Kreuze an.**

	m	f	n		m	f	n
aedificium	☐	☐	☒	vox	☐	☐	☒
cibi	☒	☐	☐	urbes	☐	☒	☐
castra	☐	☒	☐	senatores	☒	☐	☐

ÜBUNG 10 **Bilde von den lateinischen Infinitiven die angegebene Form im Präsens.**

1. Person Singular von *clamare:*	
2. Person Plural von *monere:*	
3. Person Singular von *colere:*	
3. Person Plural von *dormire:*	
2. Person Singular von *agere:*	ageres
1. Person Plural von *facere:*	facemus

ÜBUNG 11 Ergänze die fehlenden Formen und Fachbegriffe. Dekliniere dann entsprechend *puella pulchra – das hübsche Mädchen* und *vinum bonum – der gute Wein* in deinem Übungsheft.

Singular	(Einzahl)	
Nominativ	amicus bonus	der gute Freund
Genitiv		
Dativ		
Akkusativ		
Ablativ		
Plural	**(Mehrzahl)**	
	amici boni	die guten Freunde

ÜBUNG 12 Bestimme Person, Numerus und Tempus der folgenden Verbformen und bilde dann jeweils den Plural.

Form	Bestimmung	Plural
du gehorchst		
ich schreibe		
ich hatte gerufen		
er ist gekommen		

ÜBUNG 13 Bilde nun von den deutschen Verben aus Übung 12 die entsprechenden lateinischen Formen im Singular und im Plural. Schreibe in dein Übungsheft.

parere – gehorchen

scribere – schreiben

vocare – rufen

venire – kommen

ÜBEN

1.3 Satzglieder

Ein Satz besteht aus mehreren Bausteinen, den sogenannten Satzgliedern. Ein Satzglied kann ein **Wort**, eine **Wortgruppe** oder ein **Gliedsatz** sein. Jedes Satzglied hat im Satz eine bestimmte Aufgabe.

Hinweis: Alle hier genannten Regeln gelten auch für das Lateinische.

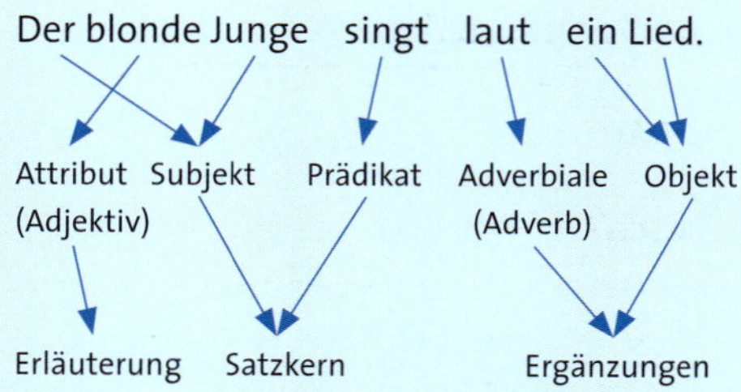

Jeder vollständige Satz enthält mindestens ein Subjekt und ein Prädikat (↑ Kap. 2.3). Man spricht auch vom **Satzkern.**

Das **Prädikat** („was wird ausgesagt?") kann ein Vollverb (1) oder ein Hilfsverb mit einem Prädikatsnomen (2) sein.

(1) Der Junge **singt.**
(2) Der Junge **ist ein Sänger.**

Das **Subjekt** („wer oder was?") kann ein Substantiv (1), ein Pronomen (2), ein Infinitiv (3) oder ein Gliedsatz (4) sein.

(1) **Der Junge** singt.
(2) **Er** singt.
(3) **Singen** macht Spaß.
(4) **Was er tut,** macht dem Jungen Spaß.

Neben Subjekt und Prädikat kann ein Satz eine oder mehrere **Ergänzungen** erhalten:

Das **Objekt** kann in allen Fällen außer dem Nominativ stehen und antwortet dann auf die entsprechenden Fragen (↑ Kap. 1.2). Objekt können Substantive (1), Pronomina (2), präpositionale Verbindungen (3), Infinitive (4) oder Gliedsätze (5) sein.

(1) Der Junge singt gerade **ein Lied.**
(2) Der Junge singt **es** gerade.
(3) Ich habe mich **auf das Lied** gefreut.
(4) Ich möchte auch **singen.**
(5) Ich möchte auch tun, **was er tut.**

Das **Adverbiale** gibt die genauen Umstände an. Es beantwortet die Fragen „wie?", „wann?", „wo?", „warum?", „wie lange?". Die Rolle des Adverbiales kann ein Adverb (1), eine präpositionale Verbindung (2) oder ein Gliedsatz (3) übernehmen.

(1) Er singt **schön.**
(2) Er singt **mit Begeisterung.**
(3) Er singt, **weil es ihm Spaß macht.**

Ein **Attribut** erläutert Subjekte, Objekte oder Adverbiale näher. Es antwortet auf die Frage „was für ein(e)?" oder „welcher / welche / welches?", ist aber für das Satzgerüst nicht notwendig.
Attribut können sein: Substantive (1), Adjektive (2), präpositionale Verbindungen (3), Adverbien (4) oder Relativsätze (5).

(1) Der Gesang **des Jungen** ist schön.
(2) Der Junge singt einen **hohen** Ton.
(3) Der Junge **aus dem Chor** ist nicht da.
(4) Der Junge **dort** singt im Chor.
(5) Ich sehe den Jungen, **der singt.**

ÜBUNG 14 Wie kannst du nach dem jeweiligen Satzglied fragen? Ordne zu.

wer oder was?	Dativobjekt
wen oder was?	Adverbiale des Ortes
wem?	Attribut
wann?	Prädikat
wo?	Akkusativobjekt
was für ein(e)?	Adverbiale der Zeit
was wird ausgesagt?	Subjekt

ÜBUNG 15 Bilde aus den folgenden Wörtern Sätze im Präsens.

Kind / spielen (Sg.) → Das Kind spielt.

Hund / bellen (Pl.) →

Glocke / läuten (Pl.) →

Ihr / weinen →

Er / zu spät kommen →

Feuer / brennen (Sg.) →

ÜBUNG 16 Und jetzt auf Latein! Bilde aus den angegebenen Wörtern korrekte Sätze im Präsens. Achtung: Subjekt und Prädikat müssen zusammenpassen!

mater / clamare →

(nos) / valde gaudere →

(tu) / numquam studere →

gladiatores / pugnare →

(vos) / domum venire →

filiae / dormire →

ÜBUNG 17 **Bestimme die Satzglieder der folgenden Sätze. Wie musst du nach dem jeweiligen Satzglied fragen?**

1. Lesen	macht	Spaß.
2. Wir	tanzen	gerne.
3. Klara	spielt	jeden
Tag	mit Freude	Fußball.

WISSEN

Wortart, Wortform und Satzglied
Wortart und -form helfen dir bei der Satzgliedbestimmung. Ein Substantiv etwa hat eine bestimmte Wortform. Davon ausgehend kannst du auf die Funktion im Satz schließen: Wenn es z. B. Nom. Sg. f ist, ist es Subjekt oder Prädikatsnomen. Ein Verb im Singular und in der passenden Person kann dann (Kongruenz!) das Prädikat sein.

Marcus Gaium visitat.

Marcus: *Substantiv im Nom. Sg. m → Subjekt oder Prädikatsnomen*
Gaium: *Substantiv im Akk. Sg. m → Akkusativobjekt*
visitat: *Verb, 3. Ps. Sg. Präsens → Prädikat*

Übersetzung: Markus besucht Gaius.

ÜBUNG 18 **Bestimme Wortarten, Wortformen und Satzglieder der folgenden Sätze. Schreibe in dein Übungsheft. Übersetze anschließend die Sätze.**

1. Lucius ridet.
2. Mater filiam vocat.
3. Gaius hodie matri libenter adfuit.
4. Villa patris ampla est.
5. Tullius Claudiam, quam valde amat, salutat.

Klassenarbeit 1

45 Minuten

AUFGABE 1 **Um welche Wortart handelt es sich? Ordne zu.**

AUFGABE 2 **Bestimme die folgenden Verbformen. Nenne auch den Infinitiv Präsens.**

clamamus

debent

capis

regebam

dormitis

venisti

tacebat

AUFGABE 3 **Bilde von den folgenden Substantiven die angegebenen Formen.**

Dat. Sg. von *amica:*

Gen. Pl. von *donum:*

Akk. Sg. von *puer:*

Nom. Pl. von *aedificium:*

Abl. Sg. von *pater:*

Dat. Pl. von *serva:*

AUFGABE 4 **Setze im Lückentext die folgenden Fachbegriffe ein.**

Tempus – Genus (2x) – Kasus (2x) – deklinierbar – finiten – Numerus (3x) – Person – Kongruenz – konjugierbar

Substantive haben ein bestimmtes __________ (Geschlecht); sie sind __________, d. h. sie verändern ihre Form hinsichtlich __________ (Zahl) und __________ (Fall).

Adjektive richten sich in __________ (Fall), __________ (Zahl) und __________ (Geschlecht) nach ihrem Bezugswort (__________).

Verben sind __________. An einer __________ Form lassen sich __________, __________ (Zahl) und __________ (Zeit) bestimmen.

AUFGABE 5 **Welches Subjekt passt? Kreuze an und übersetze die Sätze in deinem Übungsheft.**

☐ Discipuli	☐ Discipulus	student.
☐ Mater	☐ Matres	filios saepe reprehendit.
☐ Philosophus	☐ Philosophi	vir sapiens est.
☐ Servae	☐ Serva	dominae adest.
☐ Patronus	☐ Patroni	clientes adiuvant.

AUFGABE 6 **Bestimme die Satzglieder der folgenden Sätze. Schreibe in dein Übungsheft.**
Beispiel: Lernen (Subjekt) macht (Prädikat) Spaß (Akkusativobjekt).

1. Markus spielt gerne Klavier.
2. Klara fährt jeden Winter Ski.
3. Klaus hilft heute seiner Mutter beim Kochen.
4. Morgen fahren wir nach Rom.

Klassenarbeit 2

45 Minuten

AUFGABE 7 **Ordne die Fachbegriffe dem richtigen Bereich zu.**

Adjektiv · Genitiv · Plural · Verb · Indikativ · Konjunktion · Adverbiale · Adverb · Subjekt · Perfekt · Prädikat · Objekt

Wortart				
Wortform				
Satzglied				

AUFGABE 8 **Trage die entsprechenden Formen in die Lücken ein. Verändere immer die vorangegangene Form.**

scribo → Pl.: ______ → 2. Ps.: ______

→ Perfekt: ______ → Sg.: ______

→ 3. Ps.: ______ → Imperfekt: ______

→ Pl.: ______ → Präsens: ______

→ Sg.: ______ → 2. Ps.: ______

→ 1. Ps.: ______

amici (Pl.!) → Dat.: ______ → Abl.: ______

→ Akk.: ______ → Sg.: ______

→ Gen.: ______ → Femininum: ______

→ Dat.: ______ → Pl.: ______

→ Gen.: ______ → Nom.: ______

→ Maskulinum: ______

TESTEN

AUFGABE 9 **Einer der Begriffe passt jeweils nicht in die Reihe. Streiche ihn durch und begründe in deinem Übungsheft, warum.**

1. Präposition – Konjugation – Subjunktion – Interjektion
2. Akkusativ – Genitiv – Adjektiv – Nominativ
3. Maskulinum – Präteritum – Neutrum – Femininum
4. Infinitiv – Konjunktiv – Imperativ – Indikativ

AUFGABE 10 **Welches Prädikat passt? Kreuze an.**

Amica	☐ gaudet.	☐ gaudent.	☐ gaudemus.
Vos	☐ veniunt.	☐ venitis.	☐ venimus.
Iuvenes	☐ laeti sunt.	☐ laetae sunt.	☐ laetus est.
Servi vinum	☐ apportamus.	☐ apportas.	☐ apportant.
Miles fortiter	☐ pugnavi.	☐ pugnaverunt.	☐ pugnavit.
Ego te heri	☐ vidi.	☐ vidimus.	☐ vidisti.

AUFGABE 11 **Bestimme die Satzglieder der folgenden Sätze. Schreibe in dein Übungsheft.**
Beispiel: Schokolade (Subjekt) schmeckt (Prädikat) Simon (Dativobjekt) sehr (Adverbiale).

1. Gabi greift gerne zur Geige.
2. Milch macht müde Männer munter.
3. Fischers Fritz fischt frische Fische.
4. Zahme Ziegen ziehen Zucker zum Zoo.

AUFGABE 12 **Welche Form ist für die jeweilige Satzgliedfunktion die richtige? Unterstreiche. Bestimme anschließend alle Satzglieder und übersetze. Schreibe in dein Übungsheft.**
Beispiel: Mater Sextum / Sextus ubique quaerit. → Mater (Subjekt) Sextum (Akkusativobjekt) ubique (Adverbiale) quaerit (Prädikat). → Die Mutter sucht Sextus überall.

Sextus / Sexto non respondet.

Claudiam filia / filiam interrogat: „Ubi est / es Sextus?"

Claudia cum matre / matrem fratrem quaerit et vocat.

Sextus in horto ludit / ludunt et eas non audit / audiunt.

2.1 Das Substantiv im Nominativ

Jedes lateinische Substantiv gehört einer **Deklinationsklasse** (↑ Kap. 3.5) an, die man schon am Eintrag im Vokabelverzeichnis erkennt.	
Der Eintrag *amīca* bedeutet: Dieses Wort endet im Nominativ Singular auf *-a*, gehört damit zur ā- oder **1. Deklination** und ist **Femininum.** Der Nominativ Plural endet auf *-ae*, der Wortstamm (der unveränderliche Teil des Substantivs) ist *amīc-*.	amic**a** – die Freundin amic**ae** – die Freundinnen
Achtung: Einige Wörter der ā-Deklination sind Maskulina.	agricol**a** *m* – der Bauer, poet**a** *m* – der Dichter, naut**a** *m* – der Seemann
Der Eintrag *amīcus* bedeutet: Dieses Wort endet im Nominativ Singular auf *-us*, gehört zur **o-** oder **2. Deklination** und ist **Maskulinum.** Die Pluralform endet im Nominativ auf *-ī*, der Wortstamm ist auch hier *amīc-*.	amic**us** – der Freund amic**i** – die Freunde
Gleiches gilt für einige Substantive auf *-(e)r*. Der Genitiv weist sie eindeutig dieser Deklination zu.	puer, pueri – der Junge, des Jungen vir, viri – der Mann, des Mannes
Achtung: Bei manchen Substantiven auf *-er* entfällt in den weiteren Kasus das *-e-*.	ager, a**g**r**i** – der Acker, des Ackers
Der Eintrag *templum* heißt, dass das Wort im Nominativ Singular auf *-um* endet, zur **o-Deklination** gehört und **Neutrum** ist. Der Nominativ Plural lautet *-a*, der Wortstamm *templ-*.	templ**um** – der Tempel templ**a** – die Tempel
Die **3. Deklination** (↑ S. 21) besteht aus ■ den **konsonantischen Stämmen,** ■ den **i-Stämmen** und ■ der **Mischklasse.** Die Pluralform der Maskulina und Feminina lautet im Nominativ *-ēs*, die Neutra enden auf *-a* oder *-ia* (i-Stämme).	labor, laboris *m* – die Arbeit flumen, fluminis *n* – der Fluss turris, turris *f* – der Turm mare, maris *n* – das Meer urbs, urbis *f* – die Stadt luc**es** – die Lichter (lux, lucis *f*) corpor**a** – die Körper (corpus, corporis *n*) mar**ia** – die Meere (mare, maris *n*)

ÜBUNG 1 Trenne bei folgenden Substantiven Wortstamm und Wortendung durch einen Schrägstrich.

populus	amicae	equi	voces
templa	consules	fratres	porta
serva	aedificium	villa	auxilium

ÜBUNG 2 Sortiere die folgenden Substantive im Nominativ nach Singular und Plural und ergänze jeweils den fehlenden Numerus. Schreibe in dein Übungsheft.

nuntius, avi, urbes, monumenta, fuga, lux, gaudia, responsum, imperator, terrae

WISSEN +

Der Vokativ
Wird im Lateinischen jemand angeredet, steht das Substantiv im Vokativ. Seine Formen entsprechen denen des Nominativs.

Propera, amic**a!** – Beeil dich, Freundin!
Properate, amic**i!** – Beeilt euch, Freunde!

Achtung: Eine Ausnahme bilden die Wörter der o-Deklination auf *-us* bzw. *-ius:* Sie bilden den Vokativ Singular mit *-e* bzw. *-ī*.

Propera, amic**e!** – Beeil dich, Freund!
Veni, Luc**i!** – Komm, Lucius!

ÜBUNG 3 Bilde den Vokativ der folgenden Substantive.

filius:		filia:	
Marcus:		mater:	
Tullius:		Tullia:	
sorores:		Rufus:	

ÜBEN

ÜBUNG 4 Finde in der Wortschlange alle Substantive. Ordne sie dann der richtigen Deklination zu, bestimme das Genus und übersetze die Wörter in deinem Übungsheft.

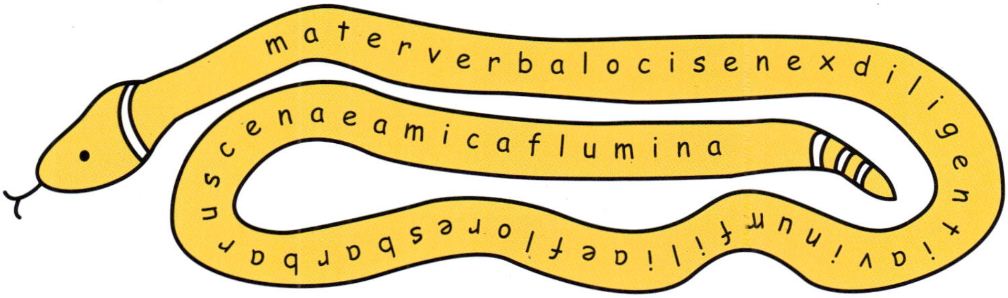

ā-Dekl.:

o-Dekl.:

3. Dekl.:

WISSEN +

Die 3. Deklination
Der Wortstamm der **konsonantischen Stämme** endet auf einen Konsonanten (1). Zu den **i-Stämmen** zählen nur wenige Wörter mit Wortstamm auf *-i-* (2) sowie die Neutra auf *-ar, -e, -al* (Eselsbrücke „Areal“) (3). Zur **Mischklasse** gehören gleichsilbige Substantive auf *-is* und *-es* (4) (außer *canis, -is* m – *Hund, sēdēs, -is* f – *Sitz:* konsonantisch) sowie Wörter mit mehr als einem Konsonanten am Wortstammende (5) (außer *pater, -tris* m – *Vater, māter, -tris* f – *Mutter:* konsonantisch).

(1) lex, le**g**is *f* – Gesetz
opus, operis *n* – Werk
(2) turris, turris *f* – Turm
sitis, sitis *f* – Durst
febris, febris *f* – Fieber
(3) exempl**ar**, exemplaris *n* – Muster
mar**e**, maris n – Meer
anim**al**, animalis *n* – Tier
(4) navis, navis *f* – Schiff
clades, cladis *f* – Niederlage
(5) urbs, ur**b**is *f* – Stadt
gens, gen**t**is *f* – Geschlecht

ÜBUNG 5 Ordne die Substantive der richtigen Untergruppe der 3. Deklination zu. Handelt es sich um konsonantische Stämme, i-Stämme oder die Mischklasse? Schreibe in dein Übungsheft.

consul – miles – febris – mare – urbs – civis – turris – pars – pater

ÜBEN

2.2 Das Verb im Präsens

Bei den lateinischen Verben gibt ein unveränderlicher erster Teil (Wortstamm) die Bedeutung an. Aus dem zweiten, veränderlichen Teil, der Endung, lassen sich Person, Numerus, Modus, Tempus und Genus verbi (↑ Kap. 1.2) bestimmen.

Wortstamm	*Endung*
mone-	-ō

→ *1. Person Singular Indikativ Präsens Aktiv von* monere – ich ermahne

Konjugationsklassen

Jedes lateinische Verb gehört einer Konjugationsklasse an, die man am letzten Laut seines Wortstamms erkennt.

Der Eintrag *laudāre* bedeutet: Der Stamm dieses Verbs endet auf *-ā-*. Daher gehört es zur **ā-Konjugation.**

laud**ā**-re – loben: *Wortstamm* laudā- → *ā-Konjugation*

Der Eintrag *monēre* bedeutet: Der Stamm dieses Verbs endet auf ein langes *-ē-*. Es zählt zur **ē-Konjugation.**

mon**ē**-re – mahnen: *Wortstamm* monē- → *ē-Konjugation*

Der Eintrag *audīre* bedeutet: Der Stamm dieses Verbs endet auf ein langes *-ī-*. Es zählt zur **ī-Konjugation.**

aud**ī**-re – hören: *Wortstamm* audī- → *ī-Konjugation*

Der Eintrag *regere* bedeutet: Der Stamm endet auf ein *-g-*, also einen Konsonanten. Daher gehört es zur **konsonantischen Konjugation.** Zwischen Stamm und Infinitivendung *-re* steht ein sogenannter **Bindevokal,** der kurz gesprochen wird.

re**g**-e-re – lenken, leiten: *Wortstamm* reg- → *konsonantische Konjugation*

Der Eintrag *capere, capiō* bedeutet: Der Stamm dieses Verbs endet auf ein kurzes *-i-* und gehört zur **gemischten Konjugation.** Weil das *-i-* im Infinitiv nicht sichtbar ist, ist zusätzlich die 1. Ps. Sg. Präsens angegeben.

capere, cap**i**ō – fassen, greifen: *Wortstamm* capi- → *gemischte Konjugation*

Tipp: Wenn das *e* lang gesprochen und betont wird, gehört es zum Stamm und das Verb zur ē-Konjugation. Ist es kurz und unbetont, handelt es sich um einen Bindevokal und das Verb gehört zur konsonantischen oder gemischten Konjugation.

pend**ḗ**re – hängen (intr.) → ē-Konjugation: 1. Ps. Sg. Präs.: pend**eō**
aber: péndere – aufhängen, abwiegen → konsonantische Konjugation: 1. Ps. Sg. Präs.: pend**ō**

Personalendungen

Die Personalendungen des Präsens sind in allen Konjugationsklassen gleich. Eine Übersicht über alle Formen findest du in Kap. 5.6.

Achtung: Bei der 1. Person Singular der ā-Konjugation verschmelzen Stammauslaut und Personalendung zu einem Buchstaben: *voca + ō → vocō.*

Bei der konsonantischen Konjugation tritt (außer in der 1. Person Singular) zwischen Stamm und Personalendung ein Bindevokal *-i-* (in der 3. Person Plural *-u-*).

In der gemischten Konjugation gehört das *-i-* zum Stamm. In der 3. Person Plural wird der Bindevokal *-u-* eingefügt.

	ā-Konj.	*ē-Konj.*	*ī-Konj.*
Sg.	voc**ō**	mone-**ō**	audi-**ō**
	vocā-**s**	monē-**s**	audī-**s**
	voca-**t**	mone-**t**	audi-**t**
Pl.	vocā-**mus**	monē-**mus**	audī-**mus**
	vocā-**tis**	monē-**tis**	audī-**tis**
	voca-**nt**	mone-**nt**	audi-**u-nt**

	kons. Konj.	*gem. Konj.*
Sg.	reg-**ō**	capi-**ō**
	reg-**i-s**	capi-**s**
	reg-**i-t**	capi-**t**
Pl.	reg-**i-mus**	capi-**mus**
	reg-**i-tis**	capi-**tis**
	reg-**u-nt**	capi-**u-nt**

Präge dir besonders die Formen von *esse – sein* (Übersicht ↑ Kap. 5.6) gut ein.

Sg.	su-**m**	*Pl.*	su-**mus**
	e-**s**		es-**tis**
	es-**t**		su-**nt**

Der Imperativ

Für Aufforderungen und Befehle gibt es im Lateinischen einen eigenen Modus: den Imperativ. Es lassen sich immer Befehlsformen im Singular und im Plural bilden.

- Bei Verben der ā-, ē- und ī-Konjugation entspricht der Imperativ Singular dem Präsensstamm. Der Imperativ Plural wird gebildet, indem man an den Präsensstamm *-te* anhängt.

  Laudā! – Lobe! Laudā-te! – Lobt!
  Monē! – Mahne! Monē-te! – Mahnt!
  Audī! – Hör! Audī-te! – Hört!

- Bei Verben der gemischten Konjugation erhält man den Imperativ Singular, indem man die Infinitivendung wegstreicht, den Imperativ Plural, indem man an den Präsensstamm *-te* anhängt.

  Cape! – Fang! Capi-te! – Fangt!

- Bei Verben der konsonantischen Konjugation erhält man den Imperativ Singular, indem man an den Präsensstamm ein *-e* anhängt, den Imperativ Plural, indem man den Bindevokal *-i-* und *-te* anhängt.

  Reg-e! – Lenke! Reg-i-te! – Lenkt!

WISSEN

ÜBUNG 6 Trenne bei folgenden Verben Stamm und Personalendung sowie gegebenenfalls Bindevokal durch einen Schrägstrich.

adiuva|s clamat paretis reprehendunt

iacent respondet capitis venio

rapio audimus iubeo interrogamus

ÜBUNG 7 Sortiere die folgenden Verbformen nach ihrer Konjugation ein und übersetze.

dubitare – capere – tangere – debere – invenire – necare – petere – dormire – facere – prohibere

ā-Konjugation	ē-Konjugation	ī-Konjugation

konsonant. Konjugation	gemischte Konjugation

ÜBUNG 8 Bilde von den folgenden Verben die angegebenen Formen im Präsens und übersetze.

mittere (2. Ps. Pl.) →

ridere (3. Ps. Sg.) →

celebrare (1. Ps. Sg.) →

aperire (3. Ps. Pl.) →

esse (2. Ps. Sg.) →

capere (1. Ps. Pl.) →

debere (1. Ps. Sg.) →

adiuvare (2. Ps. Pl.) →

dormire (2. Ps. Sg.) →

ÜBUNG 9 **Bilde von den angegebenen Verben den Imperativ im passenden Numerus.**

laborare: ________, serve! ________, servi!

venire: ________, amice! ________, amici!

videre: ________, soror! ________, sorores!

currere: ________, amica! ________, amicae!

accedere: ________, serva! ________, servae!

studere: ________, fili! ________, filii!

ÜBUNG 10 **Finde in der folgenden Wortschlange alle acht Verbformen. Schreibe sie heraus, ergänze den jeweils anderen Numerus und übersetze beide Formen. Schreibe in dein Übungsheft.**

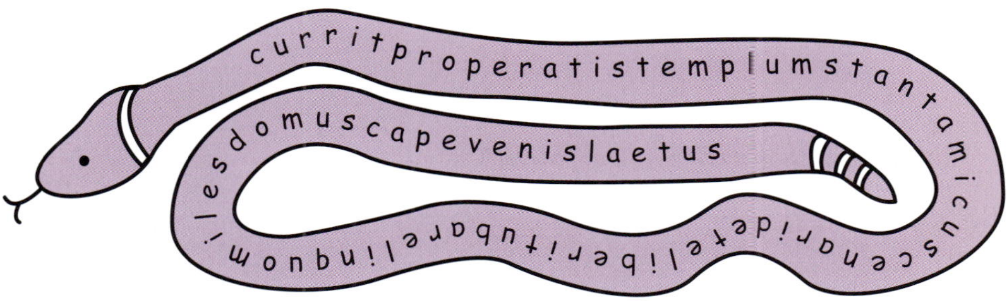

ÜBUNG 11 **Setze die Verben in Klammern in der passenden Person (Präsens) ein. Übersetze anschließend die Sätze in deinem Übungsheft.**

Gaius amicos ________ (videre).

Parentes Marcum ________ (laudare).

Senator in curiam ________ (currere).

Vos matri numquam ________ (adesse), nos autem semper eam ________ (adiuvare).

Servi saepe vitam miseram ________ (agere).

In foro mercatores ________ (spectare, ego).

■ *Vokabeln:* curia, -ae *f* – Kurie, adiuvare (+ Akk.) – unterstützen, helfen

ÜBEN

2.3 Subjekt und Prädikat

Das Grundgerüst eines lateinischen Satzes besteht aus einem Subjekt und einem Prädikat.

Amica ↓ Die Freundin ↓ Subjekt

ambulat. ↓ geht spazieren. ↓ Prädikat

Subjekt und Prädikat stehen beide entweder im Singular oder Plural, sie stimmen also im Numerus überein. Diese Übereinstimmung nennt man **Kongruenz.**

Amic**ae** ambula**nt.** – Die Freundinnen gehen spazieren *(Subjekt im Nominativ Plural → Prädikat im Plural).*

Amic**us et** amic**a** ambula**nt.** – Der Freund und die Freundin gehen spazieren *(zwei Subjekte im Nominativ Singular → Prädikat im Plural).*

Das Subjekt

Das Subjekt (Satzgegenstand) antwortet auf die Frage „wer oder was?“ und steht immer im Nominativ. Ein Subjekt kann sein:

- ein Substantiv,
- ein Pronomen,
- ein Infinitiv,
- ein AcI oder
- ein Gliedsatz.

Amica ambulat. – Die Freundin geht spazieren.
Ea ambulat. – Sie geht spazieren.

Ambulare iuvat. – Spazierengehen macht Spaß.
Te errare humanum est. – Dass du irrst, ist menschlich.
Qui ibi vides, senatores sunt. – Diejenigen, die du dort siehst, sind Senatoren.

Beachte: Da das Subjekt schon durch die Personalendung des Prädikats vertreten ist, kann es auch entfallen, ohne dass ein Satz unvollständig wird (2).
Wer etwas tut, kann man dann in der Regel aus dem Satz davor erschließen (1): Das Subjekt des ersten Satzes *(amica)* ist hier gleichzeitig Subjekt des zweiten Satzes.

(1) Amic**a** ambula**t.** – Die Freundin geht spazieren.

(2) Circumspecta**t.** – **Sie** (= die Freundin) schaut sich um.

Das Prädikat

Das Prädikat (Satzaussage) macht eine Aussage über das Subjekt des Satzes. Es ist entscheidend für die Konstruktion des Satzes (z. B. mit oder ohne Akkusativ- / Dativobjekt) und ist deshalb das wichtigste Satzglied. Es antwortet auf die Frage „was geschieht?" oder „was tut / was oder wie ist das Subjekt?" Das Prädikat kann entweder aus einem **Wort** oder einer **Wortgruppe** bestehen.	
Wenn es aus einem Wort besteht, handelt es sich meist um die Personalform eines Verbs.	Amicus **ambulat.** – Der Freund geht spazieren. → *3. Person Singular Präsens Aktiv*
Die Wortgruppe besteht aus einer Form von *esse,* hier auch **Kopula** genannt, und einem **Prädikatsnomen.** Das Prädikatsnomen kann sein: ■ ein Substantiv, ■ ein Adjektiv, ■ ein Infinitiv oder ■ ein präpositionaler Ausdruck.	 Marcus **amicus** est. – Marcus ist ein Freund. Marcus **laetus** est. – Marcus ist froh. Vivere **militare** est. – Leben heißt kämpfen. Marcus **in villa** est. – Marcus ist im Landhaus.
Ein Substantiv oder Adjektiv als Prädikatsnomen stimmt mit dem Subjekt so weit wie möglich in Kasus, Numerus und Genus überein.	Marc**us** laet**us** est. – Marcus ist fröhlich *(Subjekt und Prädikatsnomen im Nominativ Singular Maskulinum, Prädikat im Singular).* Marc**us** et Luci**us** ami**ci** su**nt.** – Marcus und Lucius sind Freunde *(zwei Subjekte im Nominativ Singular Maskulinum → Prädikatsnomen im Nominativ Plural Maskulinum, Prädikat im Plural).*
Achtung: Gibt es mehrere Subjekte, die unterschiedliche Genera haben, hat das Maskulinum den Vorrang.	Marc**us** et Claudi**a** am**ici** su**nt.** – Marcus und Claudia sind Freunde *(die Subjekte sind Maskulinum und Femininum → Prädikatsnomen ist Maskulinum).*
Achtung: Manchmal besteht das Prädikat auch nur aus einer Form von *esse* und hat dann die Bedeutung „geben", „existieren", „vorhanden sein", „handeln von".	Tumultus erat. – Es gab einen Aufruhr. Dei sunt. – Götter existieren. Liber est de amicitia – Das Buch handelt von der Freundschaft.

ÜBUNG 12 **Welche Substantive stehen im Nominativ? Kreuze sie an.**

☐ dei	☐ servum	☐ porta	☐ causas
☐ regi	☐ templum	☐ animalium	☐ sorores
☐ viri	☐ aurum	☐ studio	☐ filios

ÜBUNG 13 **Kombiniere Substantive und Verben so, dass sich ein kongruenter und sinnvoller Satz ergibt, und übersetze. Schreibe in dein Übungsheft.**

Puer	ambulant.
Vir	venit.
Puellae	gaudet.
Poetae	laborat.
Amicae	legunt.
Imperator	scribunt.

ÜBUNG 14 **Ergänze die fehlenden Endungen und eine Form von *esse* so, dass Subjekt, Prädikat und Prädikatsnomen kongruent sind. Übersetze die Sätze anschließend.**

Gladiator fortis est .– Der Gladiator ist tapfer.

Lucius amic ______ .– ______ .

Puell ___ laeta ______ .– ______ .

Milites fess ______ .– ______ .

Amicus poet ______ .– ______ .

Nav ___ ingentes ______ .– ______ .

Templ ___ magnum ______ .– ______ .

■ *Vokabeln:* fessus, -a, -um – müde, ingens, -ntis – riesig

ÜBUNG 15 **Bilde aus einem Substantiv, Adjektiv und einer Form von *esse* korrekte und sinnvolle Sätze. Verwende jedes Substantiv einmal im Singular und einmal im Plural und kombiniere es jeweils mit einem anderen Adjektiv. Übersetze die Sätze anschließend in deinem Übungsheft.**
Beispiel: Statua magna est. – Die Statue ist groß. / Statuae illustres sunt. – Die Statuen sind berühmt.

frater statua gladiator oppidum labor adversarius

illustris magnus terribilis praeclarus

esse

■ *Vokabeln:* adversarius, -ii *m* – Gegner, oppidum, -i *n* – Stadt, illustris, -e – berühmt

ÜBUNG 16 **Unterstreiche in den folgenden Sätzen das Subjekt und übersetze.**

Cantare iuvat.

Quos ibi vides, fratres sunt.

Romam urbem magnam esse scio.

Qui legit, gaudet.

Decet vos parere.

■ *Vokabeln:* iuvat – es macht Freude, decet (+ Akk.) – es gehört sich (für)

Klassenarbeit 1

45 Minuten

AUFGABE 1 Kreuze jeweils an, ob man das Wort deklinieren (D) oder konjugieren (K) kann. Bestimme anschließend bei Substantiven Kasus, Numerus und Genus, bei Verben Person, Numerus und Tempus. Übersetze anschließend.

	D	K	Wortform	Übersetzung
pericula	☐	☐		
videt	☐	☐		
silentium	☐	☐		
clamas	☐	☐		
avo	☐	☐		
timeo	☐	☐		
villam	☐	☐		
saluta	☐	☐		

AUFGABE 2 Ergänze den jeweils fehlenden Numerus und nenne die Bedeutung des Nominativs Singular bzw. des Infinitivs.

Singular	Plural	Bedeutung
	iubetis	
equus		
audis		
	viae	
interrogo		
verbum		
	facimus	
agit		
rex		

TESTEN

AUFGABE 3 Welche der folgenden Wörter sind Verben im Imperativ, welche Substantive im Vokativ? Verbinde sie zu sinnvollen Sätzen und übersetze diese in deinem Übungsheft.

intrate | serva | veni | amici | pugnate | pare | servi | fili | currite | sume | milites | serve

AUFGABE 4 Ergänze die fehlenden Glieder der Formenkette. Achtung: Es ändert sich immer nur ein Merkmal – die Person, der Numerus, das Tempus oder das Verb!

voco → 3. Person: ______ → Plural: ______ → 2. Person: ______ → capere: ______ → 1. Person: ______ → Singular: ______ → gaudere: ______ → Plural: ______ → accedere: ______ → 3. Person: ______ → Imperativ: ______ → Singular: ______

auditis → 3. Person: ______ → Singular: ______ → clamare: ______ → 1. Person: ______ → Plural: ______ → facere: ______ → 2. Person: ______ → Singular: ______ → monere: ______ → 3. Person: ______ → Imperativ: ______ → Plural: ______

AUFGABE 5 Bilde aus den angegebenen Wörtern korrekte Sätze im Singular. Setze sie anschließend in den Plural und übersetze dann beide in deinem Übungsheft.
Beispiel: Mater / tacere → *Singular:* Mater tacet. *Plural:* Matres tacent.

Mercator / vendere
Domina / laetus / esse
Puer / ludere
Vir / consul / esse
Amicus / ambulare
Pons / latus / esse

Klassenarbeit 2

45 Minuten

AUFGABE 6 Trenne bei den folgenden Substantiven Wortstamm und Wortendung durch einen senkrechten Strich.

clamores	pueros	corporis	civium
gentis	tempora	dolus	senatori
fabulas	condicionem	laboribus	liberos

AUFGABE 7 Zu welcher Deklination gehören die Substantive? Ordne zu.

turris aqua verbum caput

urbs nauta circus annus tabula

ā-Deklination	o-Deklination	3. Deklination

AUFGABE 8 Bilde von den folgenden Verben die angegebenen Formen im Präsens und übersetze.

esse (3. Ps. Pl.) →

colere (1. Ps. Sg.) →

dormire (2. Ps. Sg.) →

apparere (3. Ps. Sg.) →

invitare (1. Ps. Pl.) →

decipere (2. Ps. Pl.) →

legere (3. Ps. Pl.) →

fugere (1. Ps. Sg.) →

videre (3. Ps. Sg.) →

servare (2. Ps. Sg.) →

AUFGABE 9 **Kombiniere Substantive und Verben so, dass sich kongruente, sinnvolle Sätze ergeben. Übersetze in deinem Übungsheft.**

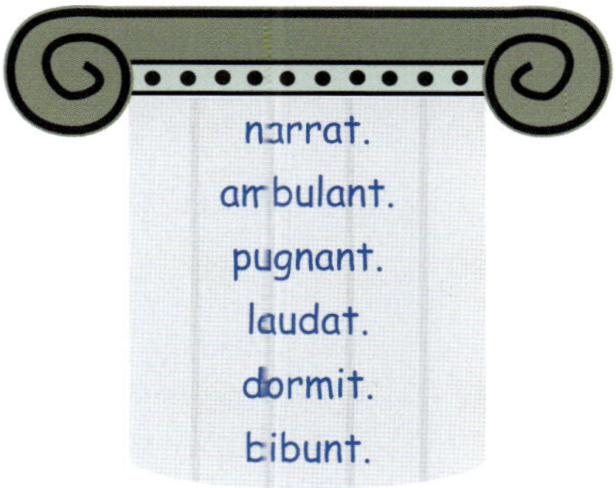

■ *Vokabeln:* conviva, -ae *m* – Gast, bibere – trinken

AUFGABE 10 **Kreuze an, welches Prädikat passt. Achte genau auf die Satzzeichen und übersetze.**

Amici,	☐ intrant.	☐ intrate!	☐ intrat.
Mercatores statuas	☐ vendit.	☐ venditis.	☐ vendunt.
Servi, cibos	☐ apportate!	☐ apporta!	☐ apportant.
Magistra linguam Latinam	☐ docent.	☐ doce!	☐ docet.

AUFGABE 11 **Bestimme jeweils Prädikat und Subjekt und übersetze.**

Senatores consilia in curia capiunt.

Senecam philosophum esse constat.

Qui cantat, laetus est.

■ *Vokabeln:* constat – es steht fest, es ist bekannt

Weitere Kasus

3.1 Der Genitiv

Der Genitiv bezeichnet die **Zugehörigkeit** zu einer Person oder Sache oder den **Bereich,** zu dem eine Sache gehört. Er beantwortet die Frage **„wessen?“.** Als Satzglied ist er meistens Attribut („was für ein?“).	Venus est dea **amoris.** – Venus ist die Göttin **der Liebe.** *wessen? → Genitivattribut* *Was für eine Göttin ist Venus? – Die der Liebe.*
Im **Genitivus subiectivus** (des Subjekts) steht die Person, die handelt oder etwas empfindet.	timor Romanorum – die Furcht der Römer *(= die Römer fürchten sich)*
Im **Genitivus obiectivus** (des Objekts) steht die Person oder Sache, auf die sich eine Handlung oder Empfindung richtet. Er steht auch nach Adjektiven wie *studiōsus – bemüht (um),* *cupidus / avidus – begierig (nach),* *(im-)memor – (nicht) denkend (an),* *particeps – teilhabend (an),* *plēnus – voll (von).*	timor Romanorum – die Furcht vor den Römern *(= die Römer werden gefürchtet)* cupidus pecuniae – begierig nach Geld memor facinoris – an das Verbrechen denkend plenus exemplorum – voll von Beispielen
Der **Genitivus possessivus** (des Besitzers) bezeichnet eine Person oder Sache, der etwas gehört. Er steht auch bei *esse* in der Bedeutung „gehören“ und „Aufgabe / Zeichen von etwas sein“. *Achtung:* Im Gegensatz zum Dativus possessivus betont er den Besitzer.	mos maiorum – die Sitte der Vorfahren Liber Marci est. – Das Buch gehört Marcus. consulis est – es ist Sache (Aufgabe / Pflicht) des Konsuls Villa Claudii est. – Das Landhaus gehört Claudius, *aber:* Claudio villa est. – Claudius gehört das Landhaus.
Der **Genitivus partitivus** (der Teilung) bezeichnet ein Ganzes, von dem ein Teil angegeben ist.	pars hominum – ein Teil der Menschen
Der **Genitivus qualitatis** (der Eigenschaft) beschreibt eine Beschaffenheit, besonders Maß, Art oder Rang. Er steht immer mit einem Attribut. *Achtung:* Um körperliche oder geistige Eigenschaften anzugeben, steht auch der Ablativus qualitatis (↑ Kap. 3.4).	classis centum navium – eine Flotte von hundert Schiffen vir magni ingenii – ein Mann von großer Begabung vir ordinis senatorii – ein Mann aus dem Senatorenstand

ÜBUNG 1 Ordne die folgenden Genitive in die Singular- und die Plural-Säule ein.

civium – consulum – facinoris – feminarum – Marci – patris – gratiae – hostium – montis – regum – Romanorum – sapientiae

Singular

Plural

WISSEN

Der Genitiv in allen Deklinationen
Die Genitivendungen sind je nach Deklination unterschiedlich. Wiederhole sie und präge sie dir gut ein!

	ā-Deklination	o-Deklination	kons. Stämme	i-Stämme	Mischklasse
Sg.	*amīc-ae*	*amīc-ī*	*patr-is*	*turr-is*	*urb-is*
Pl.	*amīc-ārum*	*amīc-ōrum*	*patr-um*	*turr-ium*	*urb-ium*

ÜBUNG 2 Bilde den Genitiv Singular und Plural der folgenden Substantive.

cura	curae	curarum
puer		
bellum		
vox		
pars		
domina		
turris		
agmen		

ÜBEN

ÜBUNG 3 **Übersetze jeweils als Genitivus subiectivus und obiectivus.**

	Genitivus subiectivus	Genitivus obiectivus
amor patris		
timor Germanorum		
invidia Corneliae		
cura filii		
gaudium victoris		

ÜBUNG 4 **Kreuze an, ob die folgenden Aussagen zu den Genitivfunktionen richtig oder falsch sind.**

	richtig	falsch
1. Der Genitiv kann die Eigenschaft eines Menschen bezeichnen.	☐	☐
2. Mit dem Genitiv wird auch der Besitzer ausgedrückt.	☐	☐
3. Als Satzglied stellt der Genitiv fast immer ein Adverbiale dar.	☐	☐
4. Die Funktion des Genitivs kann man an der lateinischen Form erkennen.	☐	☐
5. Die Genitivfunktion muss aus dem Zusammenhang erschlossen werden.	☐	☐

ÜBUNG 5 **Bestimme jeweils die Funktion des Genitivs und übersetze in deinem Übungsheft.**

1. Consulum est ( ) exercitum ducere.
2. Homines avari cupidi pecuniae ( ) sunt.
3. Cornelia, mater Gracchorum ( ),
   femina magnae sapientiae ( ) erat.
4. Pars discipulorum ( ) magistro non paret.

■ *Vokabeln:* exercitus, -us *m* – Heer, Gracchi, -orum – die Gracchen (die Volkstribunen Tiberius und Gaius Gracchus)

3.2 Der Dativ

Der Dativ steht auf die Fragen **„wem?“**, **„wofür?“**, **„wozu?“** und bezeichnet die Person, seltener die Sache, der eine Handlung gilt. Der Dativ kann Objekt oder Adverbiale sein.	Discipuli **magistro** non parent. – Die Schüler gehorchen **dem Lehrer** nicht. *wem? → Dativobjekt* Non **magistro** discimus. – Wir lernen nicht für den Lehrer. *für wen? wozu? → Adverbiale*
Verben des Gebens und Sagens können neben einem Akkusativobjekt auch ein Dativobjekt haben. Man nennt es **indirektes Objekt,** da es nicht direkt von der Handlung betroffen ist.	Marcus Claudiae donum dat. – Marcus gibt Claudia *(wem?)* das Geschenk *(wen?)*: *direktes Objekt im Akkusativ:* donum, *indirektes Objekt im Dativ:* Claudiae
Der Dativ in der Funktion des Objekts steht bei intransitiven Verben (Verben ohne Akkusativobjekt), z. B. *studēre – sich befassen mit, nocēre – schaden, invidēre – beneiden, parcere – schonen, favēre – begünstigen.*	studere litteris – sich mit den Wissenschaften befassen amico nocere – dem Freund schaden
Achtung: Manche dieser Verben stehen im Deutschen mit dem Akkusativ!	Marcus amico *(Dativ!)* invidet. – Marcus beneidet seinen Freund *(Akkusativ!)*.
Der **Dativus commodi / incommodi** (des Vorteils / Nachteils) gibt Auskunft über die Person oder Sache, zu deren Gunsten oder Nachteil etwas geschieht. Einige transitive Verben (Verben mit Akkusativobjekt) können, wenn sie mit dem Dativus commodi ergänzt werden, eine andere Bedeutung annehmen.	Non scholae, sed vitae discimus. – Nicht für die Schule, sondern für das Leben lernen wir. *mit Akkusativ:* ali**quid** providere – etwas vorhersehen *mit Dativ:* ali**cui** providere – für jemanden sorgen
Der **Dativus finalis** (des Zwecks, der Wirkung) steht auf die Frage „wozu?“ nach den Verben *venīre – kommen, arcessere – herbeiholen, relinquere – zurücklassen* sowie bei *esse* in der Bedeutung „jemandem zu etwas dienen / gereichen“ und *dare / tribuere / vertere* in der Bedeutung „jemandem anrechnen, auslegen als“.	auxilio venire – zu Hilfe kommen usui esse – zum Nutzen gereichen / nützlich sein crimini dare – zum Vorwurf machen
Dativus finalis und Dativus commodi / incommodi treten oft gemeinsam auf.	Liber mihi magno usui est. – Das Buch ist für mich von großem Nutzen. *für wen?* mihi → *Dativus commodi* *wozu?* magno usui → *Dativus finalis*

ÜBUNG 6 **Wo sind die Dativobjekte? Unterstreiche alle, die du im Text finden kannst.**

Den Sklaven war es nicht erlaubt, das zu tun, was sie wollten, da sie nicht dieselben Rechte hatten wie freie Römer. Sie mussten ihrem Herrn gehorchen und bei vielen Dingen, die anderen selbstverständlich waren, für sich selbst stets jemanden fragen. Sie sollten das Gefühl haben, dass andere ihnen überlegen waren. Dennoch kam ihnen kein Leben wie Verbrechern zu, denn sie lebten zusammen mit den Kindern und waren auch den Mädchen als Beschützer zugeteilt. Oft kam es vor, dass einem Gastfreund etwas besonders Leckeres zu essen gereicht wurde, ihnen wurde aber nichts davon angeboten. Wenn ihnen die Köche gewogen waren, bekamen sie in der Regel trotzdem heimlich etwas ab.

ÜBUNG 7 **Ordne den lateinischen Dativen die deutschen Entsprechungen aus Übung 6 zu.**

servis	
domino	
aliis	
hospiti	
sceleratis	
puellis	
eis	

WISSEN

Der Dativ in allen Deklinationen
Wiederhole die Dativendungen, die je nach Deklination variieren, und präge sie dir gut ein!

	ā-Deklination	o-Deklination	kons. Stämme	i-Stämme	Mischklasse
Sg.	*amīc-ae*	*amīc-ō*	*patr-ī*	*turr-ī*	*urb-ī*
Pl.	*amīc-īs*	*amīc-īs*	*patr-ibus*	*turr-ibus*	*urb-ibus*

Tipp: Im Plural entsprechen die Dativformen denen des Ablativs!

ÜBEN

ÜBUNG 8 **Kreuze die Substantive im Dativ an.**

☐ deis	☐ multitudo	☐ dominus	☐ studii
☐ regis	☐ ratio	☐ animalibus	☐ sorori
☐ viris	☐ servo	☐ legibus	☐ filii

ÜBUNG 9 **Nenne den Numerus (Singular oder Plural) der Dative und übersetze sie ins Lateinische.**

dem Mädchen	→	Singular	puellae
den Vätern	→		
den Jungen	→		
dem Freund	→		
den Stimmen	→		
der Mutter	→		
dem Krieg	→		

ÜBUNG 10 **Bestimme die Funktionen der Dative und übersetze die Sätze.**

Fures et scelerati civibus ( ) nocent, sed Romani boni aliis semper auxilio ( ) veniunt.

Etiam servi amicis ( ) adesse volunt.

Plurimis Romanis ( ) servi sunt.

Pars servorum dominis ( ) admirationi ( ) est.

Nonnulli servi non solum in culina usui ( ) sunt, sed etiam litteris ( ) student; itaque domini eos consulunt.

3.3 Der Akkusativ

Mit dem Akkusativ bezeichnet man die **Richtung** oder das **Ziel** (Objekt) einer Handlung. Er steht auf die Frage **„wen oder was?“** und hat meist die Satzgliedfunktion eines Objektes.	Mater mihi **donum** dat. – Die Mutter gibt mir **ein Geschenk.** *wen oder was? → Akkusativobjekt*
Verben, die einen Akkusativ als Objekt erfordern, nennt man **transitiv.** Viele dieser Verben werden im Lateinischen und Deutschen gleich gebraucht, z. B.: *vidēre – sehen* *vocāre – rufen* *invenīre – finden*	Te video. – Ich sehe dich. Serva liberos vocat. – Die Sklavin ruft die Kinder. Marcus librum invenit. – Markus findet sein Buch.
Beachte: Manche Verben sind im Lateinischen zwar transitiv, im Deutschen jedoch intransitiv. Der Akkusativ muss dann entweder mit einem Dativ oder einem präpositionalen Ausdruck übersetzt werden. Hierzu zählen u. a. die Verben: *iubēre – befehlen* *(ad-)iuvāre – unterstützen, helfen* *cavēre – sich hüten* *vetāre – verbieten* *(ef-)fugere – fliehen, meiden*	Claudia **amicas** *(Akkusativ!)* adiuvat. – Claudia hilft ihren Freundinnen *(Dativ!)*. Cave **canem!** – Hüte dich vor dem Hund! Romani **hostes** fugiunt. – Die Römer fliehen vor den Feinden.
Auch unpersönliche Ausdrücke gehören dazu: *fallit / fugit – es entgeht* *iuvat – es erfreut* *(dē-)decet – es gehört sich (nicht)*	Nihil te fugit. – Nichts entgeht dir. Cantare me iuvat. – Singen macht mir Spaß. Id nos decet. – Das gehört sich für uns.
Manche Verben haben sogar zwei Ergänzungen im Akkusativ, einen sogenannten doppelten Akkusativ: *docēre – lehren* *habēre / putāre – halten (für)* *dīcere / nomināre / appellāre – nennen, bezeichnen (als)* *creāre – wählen (zu)*	Magister discipulos linguam Latinam docet. – Der Lehrer lehrt die Schüler die lateinische Sprache. Te amicum fidum habeo. – Ich halte dich für einen treuen Freund. Romani Ciceronem consulem creant. – Die Römer wählen Cicero zum Konsul.

ÜBUNG 11 **Suche die Akkusative und unterstreiche sie.**

populum – senatoris – insulis – rationum – Gaium – templa – pecunia – mercatorem – puellarum – locos – statuas – fratrum – dominum – donorum – Claudiam – castrorum – liberos – civium – canem

WISSEN

Der Akkusativ in allen Deklinationen
Wiederhole die Akkusativendungen und präge sie dir gut ein!

	ā-Deklination	o-Deklination	kons. Stämme	i-Stämme	Mischklasse
Sg.	***amīc-am***	***amīc-um***	***patr-em***	***turr-em***	***urb-em***
Pl.	***amīc-ās***	***amīc-ōs***	***patr-ēs***	***turr-ēs (-īs)***	***urb-ēs***

Tipp: Die Neutra haben im Akkusativ dieselben Formen wie im Nominativ! Die Neutra haben im Plural die Endung *-a: bella – Kriege,* die i-Stämme *-ia: animalia – die Tiere.*

ÜBUNG 12 **Bilde den Akkusativ Singular und Plural und nenne das Genus.**

cura	curam	curas	f
bellum			
vox			
pars			
vir			
animus			
verbum			
mare			

ÜBUNG 13 **Welches Wort passt nicht in die Reihe? Unterstreiche es und begründe, warum.**

1. magistros – patrem – villam – discipulos – senatorem
2. forum – vina – animalia – pericula – donum
3. sororem – animas – matrem – scholam – puellam
4. annum – amorem – invidiam – pacis – causam

ÜBUNG 14 **Wie lautet die richtige Bedeutung? Verbinde mit Linien.**

docere	halten für
vetare	bezeichnen als
putare	wählen zu
adiuvare	verbieten
nominare	sich hüten vor
cavere	helfen
creare	lehren

ÜBUNG 15 **Bestimme jeweils Subjekt (S), Akkusativobjekt (AO) und Prädikat (P) und übersetze erst dann die Sätze in deinem Übungsheft.**
Beispiel: Gaius forum intrat. → Gaius (S) forum (AO) intrat (P). – Gaius betritt das Forum.

Multa templa videt.
Gaius Marcum salutat.
Ambulare eos iuvat.
Nam ibi multi homines sunt, qui multa verba dicunt.
Nihil eos fallit.

ÜBUNG 16 **Übersetze. Wie kannst du die Akkusative im Deutschen wiedergeben?**

Gaius amicos in foro spectat et salutat.

Pater liberos in horto ludere vetat.

Cornelia tabulam ubique quaerit.

Filii matrem adiuvant.

Imperator milites pugnare iussit.

■ *Vokabeln:* tabula, -ae *f* – Schreibtafel

WISSEN +

Der Akkusativ nach Präpositionen

Der Akkusativ steht auch nach folgenden Präpositionen:

ad – (bis) zu, an, bei	*ante – vor*	*apud – bei*
in – in, nach, gegen	*inter – zwischen, während, unter*	*per – durch, mittels*
post – nach, hinter	*praeter – vorbei an, außer*	*prope – nahe bei*
propter – nahe bei, wegen	*sub – unter, während*	*super – über*
trāns – (hin-)über, jenseits		

Beispiele: apud Ciceronem – bei Cicero, per dolum – durch List, hinterlistig, post Christum natum – nach Christi Geburt, trans flumen mittere – über den Fluss schicken

Achtung: ***In*** und ***sub*** können auch mit dem Ablativ (↑ S. 48) stehen! Mit Akkusativ geben sie jedoch die Richtung („wohin?"), mit Ablativ den Ort („wo?") an:
in urbem – in die Stadt, aber ***in urbe – in der Stadt.***

ÜBUNG 17 **Welche Präposition passt? Setze ein.**

sub - trans - in - ante - inter - propter - ad - per - prope - post - praeter

_____ templum Iunonis – beim Tempel der Juno
_____ portas – vor den Toren
_____ vias Romae – durch die Straßen Roms
_____ villam – ins Landhaus
_____ hortum – hinter dem Garten
_____ te – deinetwegen
_____ tectum – unter das Dach

ÜBUNG 18 **Übersetze die folgenden Sätze. Wie musst du den doppelten Akkusativ jeweils wiedergeben? Schreibe in dein Übungsheft.**

Cornelia Valerium amicum putat.
Gaius Rufum stultum nominat.
Caesar militem legatum creavit.
Cicero Catilinam hostem rei publicae appellavit.

■ *Vokabeln:* legatus, -i *m* – Gesandter, hostis, -is rei publicae *m* – Staatsfeind

3.4 Der Ablativ

Der Ablativ drückt meist die **näheren Umstände** aus, unter denen eine Handlung stattfindet. Er füllt also die Satzgliedstelle eines Adverbiale aus und steht auf die Fragen **„womit?“**, **„wodurch?“**, **„warum?“**, **„wie?“** usw.	Mercator **magna voce** clamat. – Der Händler schreit **mit lauter Stimme.** *womit? wie? → Adverbiale*
Der **Ablativus sociativus / comitativus** (der Begleitung) steht (fast) immer mit *cum* auf die Frage „mit wem (zusammen)?“	cum amico ambulare – mit dem Freund spazieren gehen cum omnibus copiis – mit allen Truppen
Der **Ablativus instrumentalis** (des Mittels, Werkzeugs) bezeichnet das Mittel, womit oder wodurch etwas geschieht. Er steht immer ohne Präposition.	pila ludere – mit dem Ball spielen gladio pugnare – mit dem Schwert kämpfen pedibus ire – zu Fuß gehen
Der **Ablativus causae** (des Grundes, der Ursache) steht vor allem bei den Verben und Adjektiven der Gemütsbewegung und beantwortet die Fragen „warum?“, „worüber?“.	fabula gaudere – sich über die Geschichte freuen maestus morte alicuius – traurig über jemandes Tod fessus aetate – altersschwach
Der **Ablativus mensurae** (des Maßes) gibt an, um wie viel sich etwas von etwas anderem unterscheidet.	paulo maior – ein wenig größer multo magis – viel eher / mehr
Der **Ablativus modi** (der Art und Weise) drückt aus, wie etwas geschieht, und steht auf die Frage „auf welche Weise?“, „wie?“. Er kommt zudem in folgenden Wendungen ohne Präposition vor: *iūre – zu Recht* *iniūriā – zu Unrecht* *eā condiciōne / eā lēge – unter dieser Bedingung* *vī – gewaltsam* *eō cōnsiliō / eā mente – in dieser Absicht*	cum diligentia – mit Sorgfalt cum lacrimis – unter Tränen Romani senatorem iniuria accusaverunt. – Die Römer klagten den Senator zu Unrecht an. Iudex reum iure damnavit. – Der Richter verurteilte den Angeklagten zu Recht.
Der **Ablativus qualitatis** (der Eigenschaft) bezeichnet geistige und körperliche Eigenschaften, steht wie der Genitivus qualitatis (↑ Kap. 3.1) immer mit einem Attribut und beantwortet die Frage „was für ein?“.	vir magna audacia – ein Mann von großer Kühnheit (= ein sehr kühner Mann)

Der **Ablativus separativus** (der Trennung) bezeichnet die Herkunft oder den Ausgangspunkt und steht auf die Frage „woher?". Häufig steht er nach folgenden Präpositionen: *ā / ab (vor Vokal) – von ... weg* *dē – von ... herab* *ē / ex (vor Vokal) – aus ... heraus*	ex urbe venire – aus der Stadt kommen de tecto cadere – vom Dach fallen
Merke: Namen von Orten und kleineren Inseln stehen ohne Präposition, Ländernamen und größere Inseln immer mit Präposition.	Roma – von Rom Delo – von Delos *aber:* **e** Graecia – aus Griechenland **e** Sicilia – aus Sizilien
Der **Ablativus loci** (des Ortes) oder **Lokativ** steht bei einer Ortsangabe ohne Präposition auf die Frage „wo?".	in silva – im Wald in urbe – in der Stadt sub arbore – unter dem Baum
Merke: Namen von Orten und kleineren Inseln stehen im Ablativus loci ohne Präposition, Länder und größere Inseln mit der Präposition *in.*	Athenis – in Athen *aber:* in Italia – in Italien in Sicilia – in Sizilien
Einige Substantive haben zudem Lokativ-Sonderformen. Dazu zählen geografische Bezeichnungen auf *-us, -a, -um:* *Rōmae – in Rom* *Corinthī – in Korinth* *Delī – auf Delos* sowie: *domī – zu Hause* *rūrī – auf dem Land*	Romae habitamus. – Wir wohnen in Rom. Domi sunt. – Sie sind zuhause.
Der **Ablativus temporis** (der Zeit) bestimmt einen Zeitpunkt oder einen Zeitraum und beantwortet die Fragen „wann?" und „innerhalb welcher Zeit?". Er steht meist ohne Präposition.	secundo bello Punico – im Zweiten Punischen Krieg paucis diebus – innerhalb weniger Tage
Tipp: Merke dir die Hauptfunktionen des Ablativs mit der Eselsbrücke „Lotte in Soße": Nimm jeweils die ersten beiden Buchstaben, dann erhältst du **lo-te-in-so-se,** also „Lotte in Soße"!	*Funktionen des Ablativs:* **lo**ci, **te**mporis, **in**strumentalis, **so**ciativus, **se**parativus

ÜBUNG 19 **Welche Wörter stehen im Ablativ? Schreibe sie heraus und nenne jeweils den Nominativ Singular sowie das Genus.**

fora – foro – voco – voce – dea – da – pretiis – petis – viis – viros – clamoris – clamoribus

WISSEN

Der Ablativ in allen Deklinationen
Wiederhole die Ablativendungen und präge sie dir gut ein!

	ā-Deklination	o-Deklination	kons. Stämme	i-Stämme	Mischklasse
Sg.	*amīc-ā*	*amīc-ō*	*patr-e*	*turr-ī*	*urb-e*
Pl.	*amīc-īs*	*amīc-īs*	*patr-ibus*	*turr-ibus*	*urb-ibus*

Tipp: Im Plural sind die Ablativformen mit denen des Dativs identisch: *amicis* – *den Freunden* oder *durch die Freunde*.

ÜBUNG 20 **Bilde aus den folgenden Wortbestandteilen möglichst viele Ablative. Schreibe in dein Übungsheft.**

patr- templ- vill- vir- statu- civ- turr- de- mar-

-a -i -is -o -ibus -e

ÜBEN

ÜBUNG 21 **Welche Form ist Ablativ, welche Dativ und welche kann beides sein? Ordne zu.**

regi – aqua – corpore – arbori – aedificio – turba – equis – laudi –
fratre – hominibus – mari – agmini – cane – causis – sorori

Ablativ	Dativ	Ablativ / Dativ

ÜBUNG 22 **Welche Dinge oder Personen nimmt Rufus mit in die Schule? Wen oder was nicht? Setze die Substantive in den Ablativ.**

pila – tabula – liber – cibi – mater – stilus – statuae –
Gaius amicus – canis

Rufus in scholam properat cum

Rufus in scholam properat sine

■ *Vokabeln:* pila, -ae *f* – Ball, tabula, -ae *f* – Schreibtafel, stilus, -i *m* – Griffel

ÜBUNG 23 **Übersetze die folgenden Sätze und bestimme die Funktion der Ablative. Schreibe in dein Übungsheft.**

Avus cum liberis in foro ambulat.
Mater filium cum lacrimis salutat.
Marcus laude patris valde gaudet.
Cicero Catilinam accusare voluit. Ea mente orationem habuit.
Socrates vir magna sapientia erat.

■ *Vokabeln:* lacrima, -ae *f* – Träne, orationem habere – eine Rede halten

WISSEN

Ablativ nach Präpositionen

Nach folgenden Präpositionen steht der Ablativ:

ā / ab (vor Vokal) – *von, von ... her, seit*
dē – von, von ... herab, über
ē / ex (vor Vokal) – *aus, aus ... heraus, seit*
cum – mit
sine – ohne
prō – vor, für, statt
prae – vor

ab urbe venire – von der Stadt kommen
de turri praecipitare – vom Turm herabstürzen
e villa exire – aus dem Landhaus gehen
ex eo tempore – seit dieser Zeit, seitdem
sine ira – ohne Zorn
pro consule – anstelle des Konsuls

Achtung: Die Präpositionen *in* und *sub* können sowohl mit dem Ablativ als auch mit dem Akkusativ (↑ S. 43) stehen.

in urbe esse – in der Stadt sein
wo? → *Ablativ*
in urbem properare – in die Stadt eilen
wohin? → *Akkusativ*

ÜBUNG 24 **Welche Präpositionen stehen mit dem Ablativ? Schreibe sie heraus, verbinde sie mit einem passenden Substantiv, setze es in den Ablativ und übersetze. Verwende dein Übungsheft.**

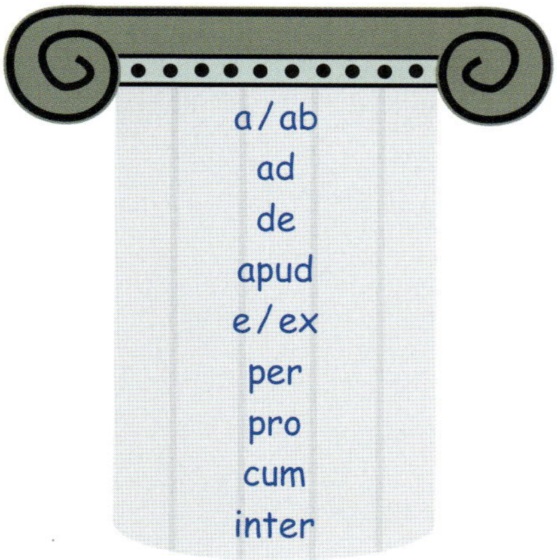

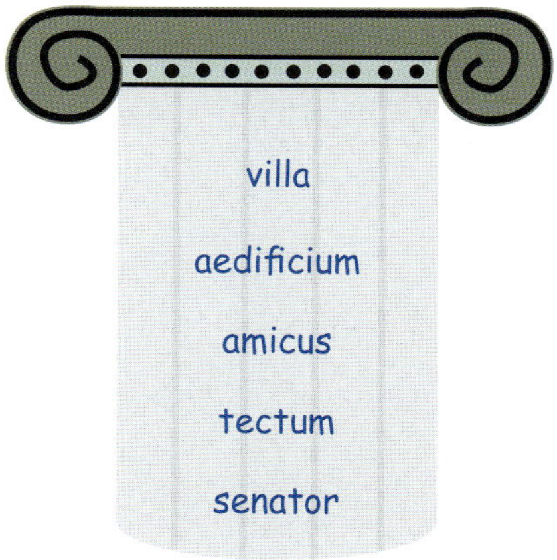

ÜBUNG 25 **Wo oder wohin – *in* + Ablativ oder Akkusativ? Unterstreiche den richtigen Kasus.**

Senator in forum / foro properat.

Servae in culinam / culina laborant.

Servi statuas in hortum / horto portant.

Mater Gaium quaerit. Gaius in cubiculum / cubiculo est et dormit.

■ *Vokabeln:* culina, -ae *f* – Küche, cubiculum, -i *n* – Schlafzimmer

ÜBUNG 26 **Wo, woher, wohin? Unterstreiche die Ausdrücke, die auf diese Fragen antworten, und bestimme die Funktion der Kasus. Übersetze in deinem Übungsheft.**

Aeneas cum filio et patre ex urbe Troia fugit.

Nautae e Sicilia Romam navigant.

Romae mercatores statuas vendunt.

Sacerdos ex templo exit.

Valerius in bibliotheca sedet et librum legit.

■ *Vokabeln:* bibliotheca, -ae *f* – Bibliothek, sacerdos, -otis *m* – Priester

WISSEN +

Ablativus separativus bei Verben
Der Ablativus separativus steht auf die Frage „wovon?" auch nach Verben des Befreiens, Beraubens und Entbehrens.

solvere – lösen
prīvāre – berauben
abstinēre – sich enthalten, nicht tun
carēre – entbehren, nicht haben
ēgēre – Mangel haben, brauchen
līberāre – befreien
vacāre – frei sein

carere pecunia – kein Geld haben
iniuria abstinere – kein Unrecht tun
egere consilio – einen Rat brauchen
cura vacare – frei von Sorge sein

ÜBUNG 27 **Übersetze die folgenden Sätze.**

Cur non laboras? Semper pecunia cares!

Nemo curis vacat.

Medicus puerum doloribus liberat.

Vir pauper auxilio eget.

■ *Vokabeln:* dolor, -oris *m* – Schmerz, pauper, -eris – arm

3.5 Die Deklinationen im Überblick

	ā-Deklination	o-Deklination		
Sg.	*f*	*m*	*m*	*n*
	Tochter	***Herr***	***Junge***	***Tempel***
Nom.	fīlia	dominus	puer	templum
Gen.	fīliae	dominī	puerī	templī
Dat.	fīliae	dominō	puerō	templō
Akk.	fīliam	dominum	puerum	templum
Abl.	fīliā	dominō	puerō	templō
Pl.				
Nom.	fīliae	dominī	puerī	templa
Gen.	fīliārum	dominōrum	puerōrum	templōrum
Dat.	fīliīs	dominīs	puerīs	templīs
Akk.	fīliās	dominōs	puerōs	templa
Abl.	fīliīs	dominīs	puerīs	templīs

3. Deklination:	konsonantische Stämme		i-Stämme		Mischklasse	
Sg.	*f*	*n*	*f*	*n*	*m*	*n*
	Gesetz	***Heereszug***	***Turm***	***Meer***	***Bürger***	***Knochen***
Nom.	lēx	agmen	turris	mare	cīvis	os
Gen.	lēgis	agminis	turris	maris	cīvis	ossis
Dat.	lēgī	agminī	turrī	marī	cīvī	ossī
Akk.	lēgem	agmen	turrim	mare	cīvem	os
Abl.	lēge	agmine	turrī	marī	cīve	osse
Pl.						
Nom.	lēgēs	agmina	turrēs	maria	cīvēs	ossa
Gen.	lēgum	agminum	turrium	marium	cīvium	ossium
Dat.	lēgibus	agminibus	turribus	maribus	cīvibus	ossibus
Akk.	lēgēs	agmina	turrēs / -īs	maria	cīvēs	ossa
Abl.	lēgibus	agminibus	turribus	maribus	cīvibus	ossibus

Klassenarbeit 1

45 Minuten

AUFGABE 1 Verbinde die Substantive mit passenden Adjektiven. Achte auf den richtigen Kasus, Numerus und das richtige Genus!

amicam	magnae
puellarum	laetarum
aedificia	sanae
equos	bonorum
silvae	parvis
dominorum	alta
sororibus	fidam
mentis	celeres

AUFGABE 2 Hier ist ja einiges durcheinandergeraten. Ordne die Substantive ihrer Deklination zu (ā-Deklination, o-Deklination, konsonantische Stämme, i-Stämme oder Mischklasse). Bilde anschließend jeweils den Singular oder Plural des angegebenen Falls. Schreibe in dein Übungsheft.

deos – gaudiorum – animalia – turrim – consulibus – vitam – filiae – corpore – urbium – nave

AUFGABE 3 Welches Wort passt nicht in die Reihe? Unterstreiche es und begründe in deinem Übungsheft, warum.

1. animam – hominem – librum – regum – turrim
2. legis – urbis – navium – civibus – clades
3. viris – liberis – militis – consulibus – parentibus
4. iniuria – pericula – templo – fori – vinis
5. turba – arbore – sacrificia – cive – equo

AUFGABE 4 **Verbinde zu sinnvollen Sätzen und übersetze dann in deinem Übungsheft. Welche Funktion hat der Genitiv jeweils?**

Servi est	tabulas.
Patris est	magnus.
Timor hostium erat	cum bestiis pugnare.
Pars discipulorum apportavit	puer magni ingenii.
Gladiatoris est	villa ampla.
Rufus est	domino parere.

AUFGABE 5 **Welche Aussagen zu den Kasusfunktionen sind richtig, welche nicht? Kreuze an.**

	richtig	falsch
1. Der Dativus commodi bezeichnet die Person oder Sache, zu deren Gunsten etwas geschieht.	☐	☐
2. Alle transitiven lateinischen Verben (+ Akkusativobjekt) können auch mit einem transitiven deutschen Verb wiedergegeben werden.	☐	☐
3. Der Genitivus und Ablativus qualitatis beschreiben die geistigen oder körperlichen Eigenschaften eines Menschen.	☐	☐
4. Der Ablativ nimmt immer die Satzgliedstelle eines Objekts ein.	☐	☐
5. Der Ablativ steht auf die Fragen „wo?“, „woher?“, „warum?“, „wie?“, „womit?“, „mit wem?“.	☐	☐
6. Der Akkusativ kann auch die Richtung bezeichnen.	☐	☐

AUFGABE 6 **Wähle eine passende Präposition aus. Übersetze dann in deinem Übungsheft.**

sub - ad - in - pro - cum - in - post - e / ex - de - super

Gaius ______ familia ______ triclinio est.

Servae cibos ______ culina portant.

Subito cibi ______ lecto cadunt.

Canis statim cibos capit et ______ hortum currit.

Ibi ______ statuam sedet et contentus est.

■ *Vokabeln:* triclinium, -i *n* – Speiseraum, culina, -ae *f* – Küche, lectus, -i *m* – Speisesofa

TESTEN

Klassenarbeit 2

45 Minuten

AUFGABE 7 **Welche Substantive stehen im Genitiv? Kreuze an. Bestimme anschließend die Formen (Kasus, Numerus, Genus) der anderen Substantive.**

☐ urbis	☐ hoste	☐ senatorem	☐ hortorum
☐ poetis	☐ civis	☐ consulum	☐ navibus
☐ viri	☐ patri	☐ divitiarum	☐ tabulas

AUFGABE 8 **Bilde von den folgenden Substantiven die angegebenen Formen. Nenne auch die Deklinationsklasse (ā-Deklination, o-Deklination, konsonantische Stämme, i-Stämme, Mischklasse).**

Gen. Sg. von *nomen* →

Dat. Sg. von *nuntius* →

Abl. Sg. von *natura* →

Abl. Sg. von *nox* →

Nom. Pl. von *nauta* →

Akk. Sg. von *negotium* →

Gen. Pl. von *navis* →

AUFGABE 9 **Welche Präposition passt? Setze ein.**

in | sub | post | ad | cum | in

bei den Toren – ______ portas

nach dem Tod – ______ mortem

im Haus – ______ domo

in die Stadt – ______ urbem

am Fuße des Berges – ______ monte

mit den Freunden – ______ amicis

AUFGABE 10 **Ergänze wo nötig die Präposition *in*. Übersetze.**

Ubi est Marcus? Marcus ...

_____ ruri est. _____.

_____ urbe est. _____.

_____ thermis est. _____.

_____ Corinthi est. _____.

_____ Sicilia est. _____.

AUFGABE 11 **Bestimme die Funktion des Dativs in den folgenden Sätzen. Übersetze.**

Non magistris (Dat. _____), sed vitae (Dat. _____) discimus.

_____

Avo (Dat. _____) villa ampla est.

_____

Hoc mihi (Dat. _____) cordi (Dat. _____) est.

_____

Multis Romanis nobilibus (Dat. _____) erant servi.

_____

AUFGABE 12 **Unterstreiche die Ablative, bestimme ihre Funktion und übersetze.**

Milites fessi pugna castra collocaverunt. (Abl. _____)

_____

Paucis diebus Caesar pontem fecit. (Abl. _____)

_____

Hic gladiator multo fortius quam ille pugnat. (Abl. _____)

_____

Tarquinius, rex maxima crudelitate, omnibus odio erat. (Abl. _____)

_____

TESTEN

4 Adjektive

4.1 Funktionen der Adjektive im Satz

Wenn ein Adjektiv ▪ das Subjekt, ▪ das Objekt oder ▪ ein Adverbiale näher erläutert, hat es im Satz die Funktion eines **Attributs.**	Amica **bona** dormit. – Die gute Freundin schläft. Mater amicam **bonam** vocat. – Die Mutter ruft die gute Freundin. Mater cum amica **bona** accedit. – Die Mutter kommt mit der guten Freundin heran.
Adjektive beziehen sich in der Regel auf ein Substantiv und stimmen mit diesem in **K**asus, **N**umerus und **G**enus überein **(KNG-Kongruenz).** Sie stehen hinter dem Bezugswort. Geben sie eine Menge oder ein Maß an, stehen sie oft davor.	amic**us** laet**us** – der fröhliche Freund amic**a** fort**is** – die tapfere Freundin senat**or** nobil**is** – der vornehme Senator Amicos **laetos** video. – Ich sehe die fröhlichen Freunde. **Multos** amicos video. – Ich sehe viele Freunde.
Wenn ein Adjektiv zusammen mit einer Form von *esse* das Prädikat bildet, ist es ein **Prädikatsnomen.** Beide Formen stehen in KNG-Kongruenz zum Subjekt. Gibt es mehrere Subjekte, die ein unterschiedliches Genus haben, steht das Prädikatsnomen im Maskulinum Plural.	Amic**a** laet**a** es**t.** – Die Freundin ist fröhlich. Amic**ae** laet**ae** sun**t.** – Die Freundinnen sind fröhlich. Amic**us** et amic**a** laet**i** sunt. – Der Freund und die Freundin sind fröhlich.
Wenn ein Substantiv Prädikatsnomen ist und von einem Adjektiv erläutert wird, hat das Adjektiv die Funktion eines **Attributs.** Manchmal kann man ein Substantiv entweder als Attribut zum Subjekt oder als Prädikatsnomen auffassen. Dann sind beide Übersetzungen richtig.	Roma urbs praeclara est. – Die Stadt Rom ist berühmt *(Prädikatsnomen) oder* Rom ist eine berühmte Stadt *(Attribut).* Claudia amica misera est. – Die Freundin Claudia ist unglücklich *(Prädikatsnomen) oder* Claudia ist eine unglückliche Freundin *(Attribut).*
Wenn ein Adjektiv kein Bezugswort hat, wird es wie ein Substantiv verwendet. *Achtung:* Wenn das Adjektiv in einem solchen Fall im Neutrum Plural steht, wird es im Deutschen oft besser als Singular übersetzt. Das gilt auch für das Prädikat.	**Divites** magnam pecuniam habent. – Die Reichen haben viel Geld. **Cuncta, quae** hic vides, mihi **sunt.** Alles, was du hier siehst, gehört mir. (= Alle Sachen, die du hier siehst, gehören mir.)

ÜBUNG 1 **In den folgenden Sätzen werden Adjektive wie ein Substantiv verwendet. Übersetze sie.**

Non multum, sed multa.

Parva nos delectant.

Cetera nescio.

Non omnia possumus omnes.

ÜBUNG 2 **Unterstreiche zunächst das Adjektiv. Kreuze dann an, ob es in dem Satz Attribut, Prädikatsnomen, Subjekt oder Objekt ist. Übersetze anschließend den ganzen Satz in deinem Übungsheft.**

	Attribut	Prädikatsnomen	Subjekt	Objekt
1. Claudius magnam statuam aspicit.	☐	☐	☐	☐
2. Statua monumentum praeclarum est.	☐	☐	☐	☐
3. Itaque multi statuam aspicere cupiunt.	☐	☐	☐	☐
4. Serva misera est.	☐	☐	☐	☐
5. Nam multa facere debet.	☐	☐	☐	☐
6. Nunc domina servam magna voce vocat.	☐	☐	☐	☐

ÜBUNG 3 **Verbinde die Worte der einzelnen Spalten durch Linien so miteinander, dass sich ein grammatisch richtiger und inhaltlich sinnvoller Satz ergibt. Übersetze dann die Sätze.**

Amica	discipulos	praeclarum	venit.
Viri	pulchrae	cum matre	sunt.
Magister	templum	suos	ornant.
Puellae	mea	in foro	vocat.

Die Freundin

ÜBEN

4.2 Die Adjektive der ā- und o-Deklination

Die Adjektive der ā- und o-Deklination sind dreiendig, haben also im Nominativ Singular für jedes Genus eine eigene Endung: ***-us, -a, -um*** oder ***-er, -(e)ra, -(e)rum.*** Dabei ist ***-us / -er*** Maskulinum, ***-a / -(e)ra*** Femininum und ***-um / -(e)rum*** Neutrum.	laet**us,** laet**a,** laet**um** – fröhlich pulch**er,** pulch**ra,** pulch**rum** – schön līb**er**, līb**era**, līb**erum** – frei
Sie werden genauso dekliniert wie die Substantive der ā- und o-Deklination (Übersicht ↑ Kap. 3.5).	*Sg.* / *m* / *f* / *n* *Nom.* laetus / laeta / laetum *Gen.* laetī / laetae / laetī *Dat.* laetō / laetae / laetō *Akk.* laetum / laetam / laetum *Abl.* laetō / laetā / laetō *Pl.* *Nom.* laetī / laetae / laeta *Gen.* laetōrum / laetārum / laetōrum *Dat.* laetīs / laetīs / laetīs *Akk.* laetōs / laetās / laeta *Abl.* laetīs / laetīs / laetīs
Achtung: Bei den meisten Adjektiven, die im Nominativ Singular Maskulinum auf *-er* enden, entfällt das *-e-* in den übrigen Formen.	*Sg.* / *m* / *f* / *n* *Nom.* pulcher / pulchra / pulchrum *Gen.* pulchrī / pulchrae / pulchrī *Dat.* pulchrō / pulchrae / pulchrō *Akk.* pulchrum / pulchram / pulchrum *Abl.* pulchrō / pulchrā / pulchrō *Pl.* *Nom.* pulchrī / pulchrae / pulchra *Gen.* pulch-rōrum / pulch-rārum / pulch-rōrum *Dat.* pulchrīs / pulchrīs / pulchrīs *Akk.* pulchrōs / pulchrās / pulchra *Abl.* pulchrīs / pulchrīs / pulchrīs
Nur bei manchen dieser Adjektive bleibt das *-e-* stehen. *Tipp:* Lerne immer den Nominativ aller drei Genera, um genau zu wissen, ob das *-e-* entfällt oder nicht!	miser, misera, miserum – elend, arm līber, lībera, līberum – frei

ÜBUNG 4 **In dieser Wortschlange sind verschiedene Adjektive im Nominativ Singular versteckt. Finde sie und bestimme ihr Genus. Schreibe ins Übungsheft.**

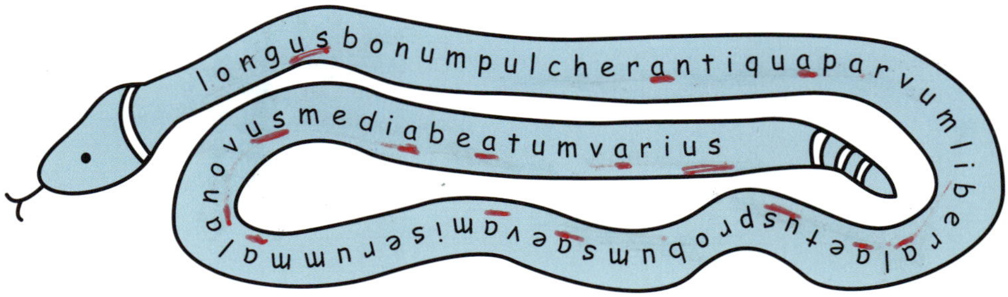

ÜBUNG 5 **Hilfe, Mäusefraß! Kannst du helfen, die angefressenen Endungen wieder einzusetzen?**

Amicus mihi librum pulch ______ donat.

Servi prob ______ cibos apportant.

Dominus servum mis ______ monet.

Libenter cum amicis laet ______ ludo.

Anima viri lib ______ fortis est.

Mercator statuas Graec ______ vendit.

■ *Vokabeln:* mercator, -oris *m* – Händler, vendere – verkaufen

ÜBUNG 6 **Bilde die jeweils angegebene Form und trage sie in das Wortgitter ein. Die markierten Felder ergeben ein Lösungswort.**

1. Gen. Sg. f zu *varius*
2. Gen. Pl. m zu *probus*
3. Abl. Pl. zu *primus*
4. Dat. Sg. f zu *multus*
5. Akk. Pl. m zu *falsus*
6. Akk. Sg. f zu *pulcher*
7. Abl. Sg. m zu *miser*

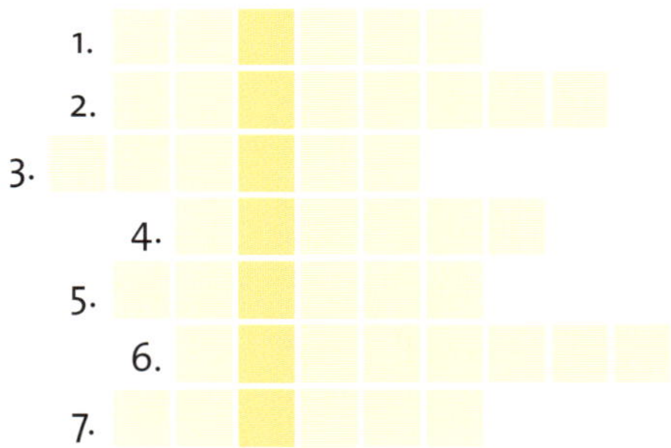

Lösungswort: ______

ÜBUNG 7 In diesem Wortgitter sind (waagerecht und senkrecht) zehn deklinierte Adjektive versteckt. Trage sie in die Tabelle ein und ergänze jeweils die Lernform im Nominativ Singular sowie die Bedeutung.

S	V	P	N	W	Y	L	D	Q	T	N	O
X	R	R	J	P	U	V	Q	S	L	O	Q
J	F	A	N	T	I	Q	U	I	S	V	E
L	A	E	T	I	R	L	O	N	G	O	R
F	M	C	Z	G	D	W	E	G	A	X	L
M	U	L	T	O	R	U	M	A	N	R	B
Y	R	A	X	S	A	L	A	M	T	N	H
P	A	R	V	O	S	X	T	S	L	R	Q
T	B	A	A	B	L	X	A	A	U	Y	M
P	O	M	R	L	A	T	A	E	X	H	G
Y	R	D	I	B	F	W	U	V	M	H	Y
W	M	E	D	I	A	S	A	U	H	R	W
Z	F	D	S	L	V	P	Z	M	L	E	I

gefundene Form	Lernform	Übersetzung

ÜBEN

4.3 Die Adjektive der 3. Deklination

Die i-Stämme

Die meisten Adjektive der 3. Deklination zählen zu den i-Stämmen.

ācer, ācris, ācre – scharf

Sie werden wie die entsprechenden Substantive der 3. Deklination dekliniert (i-Stämme) (↑ Kap. 3.5).

Sie haben
- im Ablativ Singular *-ī,*
- im Nominativ und Akkusativ Plural Neutrum *-ia,*
- im Genitiv Plural *-ium.*

Sg.	*m*	*f*	*n*
Nom.	ācer	ācris	ācre
Gen.	ācris	ācris	ācris
Dat.	ācrī	ācrī	ācrī
Akk.	ācrem	ācrem	ācre
Abl.	ācrī	ācrī	ācrī
Pl.			
Nom.	ācrēs	ācrēs	ācria
Gen.	ācrium	ācrium	ācrium
Dat.	ācribus	ācribus	ācribus
Akk.	ācrēs	ācrēs	ācria
Abl.	ācribus	ācribus	ācribus

Man kann die i-Stämme nach der Anzahl der Endungen im Nominativ Singular unterscheiden. Es gibt
- **dreiendige** (eine eigene Form für jedes Genus), — celer, celer**is,** celer**e** – schnell
- **zweiendige** (die gleiche Form für Maskulinum und Femininum, eine eigene für das Neutrum) und — brev**is,** brev**is,** brev**e** – kurz
- **einendige** Adjektive (die gleiche Form für alle Genera). — fēlīx, fēlīx, fēlīx – glücklich

Die konsonantischen Stämme

Einige wenige Adjektive der 3. Deklination sind konsonantische Stämme. Sie sind einendig und werden wie die i-Stämme dekliniert, haben aber

vetus, veteris – alt
dīves, dīvitis – reich
prīnceps, prīncipis – Erster, Angesehenster

- im Ablativ Singular *-e,*
- im Nominativ und Akkusativ Plural Neutrum *-a,*
- im Genitiv Plural *-um.*

pauper, pauper, pauper – arm
pauper**e**
pauper**a**
pauper**um**

Sie werden also wie die Substantive der konsonantischen Stämme (3. Deklination, ↑ Kap. 3.5) dekliniert.

WISSEN

ÜBUNG 8 Verbinde die kongruenten Wortpaare und trage rechts die entsprechenden Formen im Plural ein.

homini	illustris
hostem	brevi
itinere	ingentis
natio	felici
laboris	crudelem

ÜBUNG 9 Hier sind Adjektive und Substantive dekliniert und bunt gemischt. Suche alle Adjektive heraus und ordne entsprechend zu.

vetus – luce – plebes – tristibus – fortes – vocum – amicis – felici – senis – deus – acre – viri – laborem – celeris – omnium – sapientem

einendige Adjektive	zweiendige Adjektive	dreiendige Adjektive

WISSEN +

Endungen
Bei den Substantiven und Adjektiven musst du immer alle Formen, die im Vokabelverzeichnis deines Lateinbuches angegeben sind, mitlernen. Nur so kannst du bei Wörtern, deren Lernform die gleiche Endung hat, die verschiedenen Deklinationen und Wortarten innerhalb einer Deklination auseinanderhalten.
Trotz gleicher Endung im Nominativ Singular ist also *amīcus* ein Substantiv der ā- / o-Deklination *(Freund,* Gen. *amīcī*), *virtus* aber ein Substantiv der 3. Deklination *(Tugend,* Gen. *virtūtis)*.
Entsprechend verhält es sich bei den Adjektiven *pulcher, pulchra, pulchrum (schön,* ā- / o-Deklination) und *celer, celeris, celere* (*schnell,* 3. Deklination).
Weiterhin ist *amīcus, -ī* ein Substantiv *(-us, -ī), laetus* aber ein Adjektiv der ā- / o-Deklination *(-us, -a, -um)*.
Entsprechend verhält es sich bei *navis (Schiff,* Gen. *navis)* und *fortis (tapfer,* zweiendiges Adjektiv: *-is, -is, -e)* für die 3. Deklination.

ÜBUNG 10 **Welche Adjektivformen passen jeweils zu den Substantivformen? Schreibe passende Verbindungen in dein Übungsheft und übersetze sie. Welche Adjektivformen passen nicht und warum? (Kasus, Numerus oder Genus!)**

1. servi	tristi – triste – tristes
2. hominum	celerem – celerium – celeris
3. periculum	omnium – omnes – omne
4. voces	familiaris – familiares – familiarem
5. viros	fortis – fortes – fortem
6. familia	nobilia – nobile – nobilis

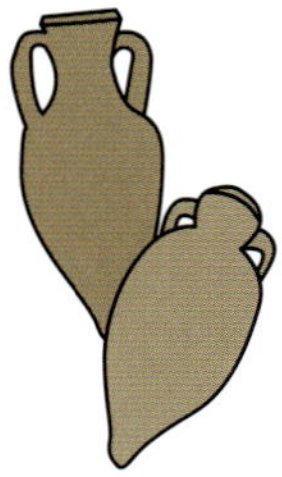

WISSEN

Ein-, zwei- oder dreiendig?
Anhand des Eintrags im Vokabelverzeichnis kannst du auch erkennen, ob Adjektive ein-, zwei- oder dreiendig sind.
Stehen nach der ersten Form noch zwei weitere Formen, ist das Adjektiv dreiendig.
Steht nach der ersten Form *-e,* handelt es sich um ein zweiendiges Adjektiv der 3. Deklination.
Alle übrigen Adjektive sind einendige Adjektive der 3. Deklination. Die zweite Form gibt dann den Genitiv Singular aller Genera an.

laet**us, -a, -um** *(ā- / o-Dekl.)* – fröhlich
cel**er,** celer**is,** celer**e** *(3. Dekl.)* – schnell
fort**is, -e** – tapfer

feli**x,** felic**is** – glücklich

ÜBUNG 11 **Setze die passende Form des Adjektivs ein und übersetze dann.**

In campis pueri et puellae ______________ (felix) ludunt.

____

In viis ______________ (angustus) etiam liberi ______________ (fortis) non ludunt.

____

Pericula ______________ (ingens) timent.

____

Nam ibi fures negotia ______________ (turpis) agunt.

____

Klassenarbeit 1

45 Minuten

AUFGABE 1 Zu welcher Deklination gehören die folgenden Adjektive? Ordne zu. Nenne jeweils alle drei Genera im Nominativ Singular bzw. bei den einendigen Adjektiven den Genitiv Singular.

pauper – liber – difficilis – felix – pulcher – dives – vetus – divinus – celer

ā-/o-Deklination	i-Stämme (3. Dekl.)	kons. Stämme (3. Dekl.)

AUFGABE 2 Dekliniere die folgenden Wortpaare.

	Sg.	Pl.
Nom.	vir fortis	
Gen.		
Dat.		
Akk.		
Abl.		
Nom.	mulier pauper	
Gen.		
Dat.		
Akk.		
Abl.		
Nom.	periculum ingens	
Gen.		
Dat.		
Akk.		
Abl.		

AUFGABE 3 **Bilde die jeweils angegebene Form und trage sie in das Wortgitter ein. Wie lautet das Lösungswort?**

1. Abl. Pl. f von *latus*
2. Gen. Sg. m von *dives*
3. Abl. Sg. n von *facilis*
4. Dat. Sg. n von *altus*
5. Gen. Pl. f von *multus*
6. Nom. Sg. f von *acer*

Lösungswort:

AUFGABE 4 **Ergänze bei den folgenden Wortpaaren die passenden Adjektivendungen. Achtung: Manchmal gibt es mehr als eine Möglichkeit!**

hominis erudit
liberorum pauper
viri sapient
monumenta praeclar
navis celer

virtutem magn
servas miser
tempore brev
arborum alt
servo veter

■ *Vokabeln:* eruditus, -a, -um – gebildet

AUFGABE 5 **Welche Satzgliedfunktion haben die Adjektive in den folgenden Sätzen? Bestimme und übersetze.**

Magister clamores laetos ( ) discipulorum audivit.

Discipuli laeti ( ) domum redierunt.

Statua Iovis monumentum praeclarum ( ) est.

Statua Iovis praeclara ( ) est.

Klassenarbeit 2

45 Minuten

AUFGABE 6 **Bringe die Formen in die richtige Kasus-Reihenfolge (Nominativ bis Ablativ) und bilde dann die Formen des jeweils anderen Numerus. Achte auf das Genus!**

1. novum – novo – novus – novo – novi

   Sg.:

   Pl.:

2. principem – princeps – principe – principi – principis

   Sg.:

   Pl.:

3. longarum – longis – longae – longas – longis

   Sg.:

   Pl.:

4. terribilibus – terribilia – terribilibus – terribilium – terribilia

   Sg.:

   Pl.:

5. vetus – veteri – vetus – vetere – veteris

   Sg.:

   Pl.:

AUFGABE 7 **Welche Adjektive passen zu den Substantiven? Schreibe passende Paare in dein Übungsheft und übersetze sie. Es ergeben sich 15 Möglichkeiten. Achte auf die Kongruenz!**

TESTEN

AUFGABE 8 **Verändere die eingeklammerte Form so, dass Substantiv und Adjektiv kongruent sind. Ordne das Wortpaar dann der richtigen Spalte zu und ergänze den jeweils fehlenden Numerus.**

amicos (illustris) – nave (novus) – oppidorum (ingens) – colonus (bonus) – consuli (tristis)

	Singular	Plural
Nom.		
Gen.		
Dat.		
Akk.		
Abl.		

AUFGABE 9 **Ein Wort passt hier jeweils nicht. Finde es und begründe in deinem Übungsheft, warum.**

1. stultus – miser – latus – vetus
2. pauperum – divitum – laetum – bonorum
3. mala – nobilia – tristia – vetera

AUFGABE 10 **Übersetze den folgenden Text in deinem Übungsheft.**

In urbe praeclara

Claudius cum hospitibus per urbem Romam ambulat. Dum amicis nobilibus aedificia pulchra monstrat, Claudia filia et servi alia monumenta spectant. Barbara serva statuam veterem aspicit et dominam nobilem rogat: „Quis est?“ Claudia servae probae respondet: „Statua Bruti, primi consulis Romae, est. Brutus Tarquinium regem expulit. Nam Tarquinius crudelis erat. Quia autem dives erat, bellum acre cum Romanis gerere potuit. Sed fortes Fortuna adiuvat: Romanis victoriam claram dedit. Itaque statua Bruti monumentum praeclarum est.“

■ *Vokabeln:* expellere, -pello, -puli – vertreiben, Fortuna, -ae *f* – Fortuna (die römische Glücksgöttin)

TESTEN

Weitere Tempusformen

5.1 Das Perfekt

Formen

Eine Perfektform besteht aus dem Perfektstamm und einer Personalendung.	*Infinitiv* vocāre: vocāv- *(Perfektstamm)* + -ī *(Personalendung)* → vocāvī – ich habe gerufen
Es gibt sechs verschiedene Arten, den Perfektstamm zu bilden:	
■ Das **v-Perfekt:** Bei vielen Verben der ā- und ī-Konjugation wird an den Präsensstamm ein *-v-* angehängt.	vocāre – rufen: vocā- + -v- → **vocāv-** audīre – hören: audī- + -v- → **audīv-**
■ Das **u-Perfekt:** Bei vielen Verben der ē-Konjugation wird an den Wortstock des Präsensstammes ein *-u-* angehängt.	monēre – mahnen: mon- + -u- → **monu-**
■ Das **s-Perfekt:** An den Wortstock des Präsensstammes kann ein *-s-* angehängt werden.	manēre – bleiben: man- + -s- → **māns-** sentīre: sent- + -s- → **sēns-** *(das -t- verschwindet)*
Achtung: In der dabei entstandenen Form ist das *-s-* oft nicht mehr sichtbar.	dīcere – sagen: dīc- + -s- → **dīx-** *(aus* dīcs- *wird* dīx-*)*
■ Das **Dehnungsperfekt:** Der im Wortstock des Präsensstammes enthaltene Vokal wird gedehnt. Oft wird der Vokal hierbei durch einen Ablaut zusätzlich verändert.	iuvāre – erfreuen: iuv- → **iūv-** vidēre – sehen: vid- → **vīd-** capere – nehmen: cap- → **cēp-**
■ Das **Reduplikationsperfekt:** Die ersten Laute des Wortstocks werden sozusagen verdoppelt, also dem Wortstock vorangestellt. Dabei verändert sich oft der Stammvokal.	currere – laufen: curr → **cucurr-** tangere – berühren: tang- → **tetig-**
■ Bei einigen Verben der konsonantischen Konjugation sind Präsens- und Perfektstamm gleich, es wird daher **Stammperfekt** genannt.	dēfendere – verteidigen: dēfend- → **dēfend-** ascendere – hinaufsteigen: ascend- → **ascend-**

Außer beim v- und u-Perfekt sind im Vokabelverzeichnis in der Regel die sogenannten **Stammformen** angegeben. Du musst sie gut lernen, da mit ihnen die verschiedenen Tempora gebildet werden. *Hinweis:* Die 4. Form, das Partizip Perfekt Passiv (PPP), lernst du erst im zweiten Lernjahr.	tangere, tangō, tetigī, tāctum – berühren *1. Form: Infinitiv Präsens:* tangere – berühren *2. Form: 1. Ps. Sg. Präsens:* tangō – ich berühre *3. Form: 1. Ps. Sg. Perfekt:* tetigī – ich habe berührt *4. Form:* tāctum – berührt
Der Infinitiv Perfekt wird gebildet, indem du an den Perfektstamm die Endung *-isse* anhängst.	vocāv- + -isse → vocāvisse – gerufen haben monu- + -isse → monuisse – gemahnt haben
Die **Personalendungen** des Perfekts sind bei allen Perfektstämmen gleich.	vocāv-ī ich habe gerufen vocāv-**istī** du hast gerufen vocāv-**it** er / sie / es hat gerufen vocāv-**imus** wir haben gerufen vocāv-**istis** ihr habt gerufen vocāv-**ērunt** sie haben gerufen

Verwendung und Übersetzung

Das lateinische Perfekt wird verwendet, um über **Ereignisse** und **abgeschlossene Handlungen in der Vergangenheit** zu berichten. Dieses historische oder narrative Perfekt wird im Deutschen oft mit dem Präteritum übersetzt.	Caesar primo milites admonuit, deinde impetum fecit. – Caesar ermahnte zuerst die Soldaten, dann griff er an.
Das Perfekt wird auch verwendet, wenn über solche Ereignisse und Handlungen eine **Feststellung** oder ein **Urteil** abgegeben wird (konstatierendes Perfekt).	Bene fecisti. – Das hast du gut gemacht.
Wenn eine solche Handlung zu einem **Ergebnis** führt oder sich daraus ein **Zustand** ergibt und dieser in der Gegenwart noch sichtbar ist, handelt es sich um ein resultatives Perfekt. *Merke:* Das konstatierende und das resultative Perfekt werden auch im Deutschen mit dem Perfekt übersetzt. *Tipp:* Lass im Zweifelsfall dein Sprachgefühl entscheiden.	Heri orationem senatoris audivimus. – Gestern haben wir die Rede des Senators gehört. *(Ergebnis / Zustand: Nun wissen wir Bescheid.)*

WISSEN

ÜBUNG 1 Ordne die Perfektformen nach der Art ihrer Perfektbildung.

audivit – contendistis – cucurri – veni – adiuvistis – r sit – monuerunt – defendisti – tetigimus – placui – laudavisti – movistis – manserunt – dixisti – ceciderunt – habuimus – animadvertit – voccvistis

v-Perfekt:			
u-Perfekt:			
s-Perfekt:			
Dehnungsperfekt:			
Reduplikationsperfekt:			
Stammperfekt:			

ÜBUNG 2 Gib zu den folgenden Perfektformen an, in welcher Person sie stehen, und übersetze sie anschließend ins deutsche Perfekt.

misit	3. Ps. Sg.	er / sie / es hat geschickt
duximus		
aperuistis		
coluisti		
tradidi		
petiverunt		

ÜBUNG 3 Hier fehlen einige Perfektformen. Überlege, welche Formen in die Lücken passen, und trage sie dort ein.

amavi		duxi
	monuisti	
amavit		
amavimus	monuimus	
		duxistis
	monuerunt	

ÜBUNG 4 **Bilde bei den folgenden Formenketten die angegebene Form und setze sie in die Lücken ein. Achtung: Es ändert sich immer nur ein Merkmal, also nur die Person, der Numerus oder das Tempus!**

scripserunt → (2. Ps.) ______ → (Sg.) ______
→ (Präs.) ______ → (1. Ps.) ______
→ (Perf.) ______ → (Pl.) ______
→ (3. Ps.) ______ → (Sg.) ______

properavit → (Pl.) ______ → (Präs.) ______
→ (2. Ps.) ______ → (Perf.) ______
→ (1. Ps.) ______ → (Sg.) ______
→ (2. Ps.) ______ → (Präs.) ______

doceo → (Perf.) ______ → (Pl.) ______
→ (3. Ps.) ______ → (Sg.) ______
→ (Präs.) ______ → (2. Ps.) ______
→ (Perf.) ______ → (Pl.) ______

ÜBUNG 5 **In den folgenden drei Kästen findest du einen Vorrat von Verbbestandteilen. Setze daraus alle möglichen Perfektformen zusammen und übersetze die entstandenen Verben.**

audi- mi- hab- lauda- du-	-u- -x- -v- -s-	-erunt -it -i

______
______
______
______
______

ÜBEN

ÜBUNG 6 **Bilde zu den Infinitiven jeweils die zum Subjekt kongruente Perfektform. Übersetze die so entstandenen vollständigen Sätze in deinem Übungsheft.**

Servus ______ (laborare).

Balbus et Lydia librum ______ (legere).

Marcus cum servis ______ (ludere).

Romam ______ (nos, venire).

Avus ______ (clamare).

Mater clamores servarum ______ (audire).

ÜBUNG 7 **Füge die Puzzleteile zu Perfektformen zusammen und setze sie an passender Stelle ein. Übersetze anschließend den ganzen Satz.**

Heri avus liberis fabulam ______.

______

Claudius et Publius amicos in foro ______.

______

Caesar ______: „Veni, vidi, ______!“

______

Rufus magna voce clamat. Nam mus eum ______.

______

______

■ *Vokabeln:* mus, muris *m* – Maus

ÜBEN

5.2 Das Imperfekt

Formen

Eine Imperfektform besteht aus dem Präsensstamm, dem Tempuszeichen für das Imperfekt und der Personalendung.	*Infinitiv* vocāre: vocā- *(Präsensstamm)* + -ba- *(Tempuszeichen)* + -m *(Personalendung)* → vocābam → ich rief
Das Tempuszeichen für das Imperfekt ist ▪ in der ā- und ē-Konjugation *-ba-*,	vocā-**ba**-m – ich rief monē-**ba**-m – ich ermahnte
▪ in der ī-, der gemischten und der konsonantischen Konjugation *-ēba-*.	audi-**ēba**-m – ich hörte ag-**ēba**-m – ich handelte faci-**ēba**-m – ich tat

Die Personalendungen des Imperfekts lauten wie im Präsens und sind in allen Konjugationen gleich. Nur die erste Person Singular bildet eine Ausnahme: Sie endet auf *-m*.

vocā-**ba-m**	ich rief
vocā-**bā-s**	du riefst
vocā-**ba-t**	er / sie / es rief
vocā-**bā-mus**	wir riefen
vocā-**bā-tis**	ihr rieft
vocā-**ba-nt**	sie riefen

Entsprechend lauten die Imperfektendungen in der ī-, gemischten und konsonantischen Konjugation.

audi-**ēba-m**	ich hörte
audi-**ēbā-s**	du hörtest
audi-**ēba-t**	er hörte
audi-**ēbā-mus**	wir hörten
audi-**ēbā-tis**	ihr hörtet
audi-**ēba-nt**	sie hörten

Verwendung und Übersetzung

Das lateinische Imperfekt wird in Erzählungen verwendet, um **dauerhafte Zustände** oder den **Hintergrund einer Handlung** darzustellen (duratives Imperfekt).	Caesar multos annos cum Gallis pugnabat. – Caesar kämpfte viele Jahre gegen die Gallier.
Das Imperfekt wird auch verwendet, wenn **wiederholte Handlungen** in der Vergangenheit, etwa **Sitten** und **Gewohnheiten**, geschildert werden (iteratives Imperfekt).	Romani quotannis consules creabant. – Die Römer wählten jährlich Konsuln.
Auch wenn über eine **versuchte**, aber **nicht vollendete Handlung** berichtet wird, steht das Imperfekt (konatives Imperfekt).	Caesar pontem faciebat. – Caesar versuchte, eine Brücke zu bauen.

ÜBUNG 8 In dieser Wortschlange verstecken sich Imperfektformen. Finde sie und schreibe sie in dein Übungsheft.

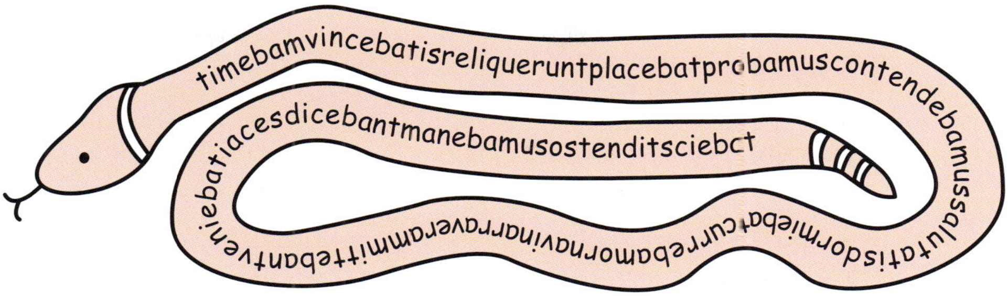

ÜBUNG 9 Setze die folgenden Formen ins Imperfekt und übersetze dann mit dem Präteritum.

laudatis	laudabatis	ihr lobtet
venimus		
ponit		
habent		
ago		
cupis		
canto		
deles		
scitis		
incipiunt		

ÜBUNG 10 Wo ist das schwarze Schaf? Finde die Form, die nicht in die Reihe passt, streiche sie durch und begründe deine Wahl in deinem Übungsheft.

1. dabam – pugnabam – portabam – tubam
2. manebam – studebat – ponebas – gaudebam
3. errabat – erramus – errabas – errabant
4. probant – dicebant – monstrabant – ascendebant
5. clamabas – dabas – delectabas – cenas

ÜBEN

5.3 Perfekt und Imperfekt im Vergleich

Die beiden Vergangenheitstempora unterscheiden sich zunächst in den **Formen.** Sie haben sowohl unterschiedliche Tempuszeichen (1) als auch Personalendungen (2).

	Imperfekt	*Perfekt*
(1)	-(ē)ba-	-v- / -u- / -s- *usw.*
(2)	-m	-ī
	-s	-istī
	-t	-it
	-mus	-imus
	-tis	-istis
	-nt	-ērunt

Auch in der **Verwendung** unterscheiden sich die beiden Zeiten. Das **Imperfekt** beschreibt eine Handlung, deren zeitliche Ausdehnung oder Dauer im Vordergrund steht. Es beschreibt also

- **dauerhafte** Zustände,

  Helena diu uxor Menelai **erat.** – Helena war lange die Frau des Menelaus.

- den **Hintergrund** einer Handlung, die plötzlich einsetzen kann und dann im Perfekt steht (im Deutschen werden beide Tempora mit dem Präteritum wiedergegeben!),

  Marcus amicum in foro **exspectabat.** Subito aliquis nomen eius **exclamavit.** – Marcus wartete auf dem Forum auf seinen Freund. Plötzlich rief jemand seinen Namen.

- eine sich **wiederholende** Handlung oder

  Claudia fratrem diu quaerebat. Iterum iterumque nomen eius **clamabat.** – Claudia suchte lange ihren Bruder. Immer wieder rief sie seinen Namen.

- **versuchte** Handlungen.

  Claudia fratrem **inveniebat.** – Claudia versuchte ihren Bruder zu finden.

Beachte: Welche Verwendung vorliegt, musst du aus dem Zusammenhang entscheiden. Signalwörter wie *diu – lange, iterum iterumque – immer wieder* können dir Hinweise geben.

Das **Perfekt** beschreibt eine einmalige, **punktuelle** Handlung in der Vergangenheit, deren Dauer unwichtig ist. Im Deutschen gibst du es meist mit dem Präteritum wieder.

Paris Helenam rapuit. – Paris **raubte** Helena.

Aber: Steht ein Ergebnis oder eine Feststellung im Vordergrund, übersetzt du mit Perfekt.

Heri te vidi. – Ich **habe** dich gestern **gesehen.**

WISSEN

ÜBUNG 11 **Imperfekt oder Perfekt? Ordne zu.**

mansistis – tacebat – iacebam – speravi – ponebamus – egimus – cucurristi – cupiebas – fecit – imperabant

Imperfekt:

Perfekt:

ÜBUNG 12 **Imperfekt oder Perfekt? Unterstreiche das richtige Tempus. Übersetze anschließend in deinem Übungsheft.**

Aliquos convivas ad cenam invitabam / invitavi.

Convivae diu manebant / manserunt.

Saepe Romam ibam / ii.

Helena uxor Menelai diu in Graecia vivebat / vixit.

Subito amor Paridem (Akk.) capiebat / cepit;

Helenam rapiebat / rapuit.

Hostes flumen iterum iterumque transibant / transierunt.

■ *Vokabeln:* conviva, -ae *m* – Gast, Menelaus, -i – Menelaos (König von Sparta), Paris, Paridis – Páris (Sohn des Königs Priamos von Troja)

ÜBUNG 13 **Übersetze in deinem Übungsheft. Achte auf eine sinnvolle Wiedergabe von Perfekt und Imperfekt im Deutschen.**

Vita servorum Romanorum dura erat. Nam domini eos saepe reprehendebant. Olim Syrus servus vas aquae plenum portavit, sed pedem offendit. Itaque aquam in triclinio effudit. Statim errorem celabat, sed dominus iam appropinquavit. Dominus dixit: „Diligentiam non adhibuisti." Syrus iterum vas cepit; sed vas in terram cecidit. Tum dominus: „Quid fecisti? Vas nunc fractum est!" et servum baculo verberavit.

■ *Vokabeln:* pedem offendere – stolpern, triclinium, -i *n* – Speisezimmer, effundere, -fundo, -fudi – verschütten, celare – verheimlichen, adhibere – anwenden, fractus, -a, -um – zerbrochen, baculum, -i *n* – Stock, verberare – schlagen

5.4 Das Plusquamperfekt

Formen

Eine Plusquamperfektform besteht aus dem Perfektstamm, dem Tempuszeichen für das Plusquamperfekt und der Personalendung.
Dies gilt für alle Arten der Perfektbildung.

Infinitiv vocāre: vocāv- *(Perfektstamm)* + -era- *(Tempuszeichen)* + -m *(Personalendung)* → vocāveram – ich hatte gerufen

v-Perfekt: vocāv-era-m – ich hatte gerufen
u-Perfekt: monu-era-m – ich hatte gemahnt
s-Perfekt: māns-era-m – ich war geblieben
Dehnungsperfekt: iūv-era-m – ich hatte geholfen
Reduplikationsperfekt: cucurr-era-m – ich war gelaufen
Stammperfekt: dēfend-era-m – ich hatte verteidigt

Das Tempuszeichen für das Plusquamperfekt ist *-era-*. Die Personalendungen des Plusquamperfekts lauten wie die des Imperfekts.

Tipp: Die Formen sehen so aus, als ob man die Imperfektformen von *esse* an den Perfektstamm gehängt hätte.

vocāv-**era-m**	ich hatte gerufen
vocāv-**erā-s**	du hattest gerufen
vocāv-**era-t**	er / sie / es hatte gerufen
vocāv-**erā-mus**	wir hatten gerufen
vocāv-**erā-tis**	ihr hattet gerufen
vocāv-**era-nt**	sie hatten gerufen

Verwendung und Übersetzung

Das lateinische Plusquamperfekt wird – wie auch das deutsche – verwendet, um ein **Ereignis der Vergangenheit** zu beschreiben, das zeitlich **vor einem anderen,** ebenfalls **vergangenen Vorgang** liegt. Dieses Ereignis liegt also noch weiter zurück als eines, das im Imperfekt oder Perfekt beschrieben wird.

Tipp: Das lateinische Plusquamperfekt wird im Deutschen ebenfalls mit einem Plusquamperfekt übersetzt.

Marcus librum **legerat.** Tum in hortum iit. – Marcus **hatte** das Buch **gelesen.** Dann ging er in den Garten.

Nuper epistulam patris **acceperam.** Hodie me visitavit. – Neulich **hatte** ich einen Brief meines Vaters **bekommen.** Heute besuchte er mich.

ÜBUNG 14 **Schreibe folgende Plusquamperfektformen noch einmal ab und trenne dabei Perfektstamm, Tempuszeichen und Personalendung durch Bindestriche.**

portaveramus →	portav-era-mus	tacuerant →	
dixeras →		defenderam →	
moverat →		fueratis →	

ÜBUNG 15 **Ergänze die jeweils fehlenden Formen im Singular oder Plural.**

Singular	→	**Plural**
didiceram	→	
	→	miserant
	→	fueramus
intraveras	→	
habuerat	→	
	→	vinxeratis
	→	verterant

ÜBUNG 16 **Hier findest du verschiedene Plusquamperfektformen. Bilde dieselben Formen zu dem jeweils angegebenen Verb.**

liberaveras – liberaverant – liberaveratis – liberaveram → intrare

venerat – veneramus – venerant – veneras → docere

duxeram – duxerat – duxeramus – duxeratis → ridere

ÜBUNG 17 **Übersetze die folgenden Sätze in deinem Übungsheft.**

Nuper librum legeram. Heri auctorem libri vidi.
Magister Publium laudavit. Nam Publius bene studuerat.
Tum tibi adfueram. Tamen me heri non adiuvisti.

■ *Vokabeln:* auctor, -oris *m* – Autor

5.5 Unregelmäßige Verben

Das **Präsens** von ***esse – sein*** ist unregelmäßig. Präge dir die Formen gut ein. Im **Imperfekt** werden die regelmäßigen Personalendungen an den Stamm *era-* gehängt.	su-m e-s e-st su-mus es-tis su-nt	era-m erā-s era-t erā-mus erā-tis era-nt
Perfekt und **Plusquamperfekt** werden regelmäßig vom Perfektstamm *fu-* gebildet.	fu-ī fu-istī fu-it fu-imus fu-istis fu-ērunt	fu-era-m fu-erā-s fu-era-t fu-erā-mus fu-erā-tis fu-era-nt
Das **Präsens** von ***posse – können*** wird entsprechend den Formen von *esse* gebildet. Dabei erscheint der Präsensstamm vor Vokal als *pot-*, vor Konsonant als *pos-*. Das **Imperfekt** zu *posse* wird gebildet, indem man an den Präsensstamm *pot-* die Imperfektformen von *esse* anfügt.	po**s-s**u-m po**t-e**-s po**t-e**s-t po**s-s**u-mus po**t-e**s-tis po**s-s**u-nt	pot-era-m pot-erā-s pot-era-t pot-erā-mus pot-erā-tis pot-era-nt
Der **Perfekt**stamm von *posse* lautet *potu-*. An diesen werden die Personalendungen des Perfekts gehängt. Beim **Plusquamperfekt** hängt man das Tempuszeichen *-era-* und die Imperfekt-Personalendungen an den Perfektstamm.	potu-ī potu-istī potu-it potu-imus potu-istis potu-ērunt	potu-era-m potu-erā-s potu-era-t potu-erā-mus potu-erā-tis potu-era-nt
Das Verb ***īre – gehen*** hat im Präsens besondere Formen. Das **Imperfekt** wird gebildet, indem man an den Stamm *ī-* das Tempuszeichen *-ba-* und die Personalendungen des Imperfekts anhängt.	e-ō ī-s i-t ī-mus ī-tis e-u-nt	ī-ba-m ī-bā-s ī-ba-t ī-bā-mus ī-bā-tis ī-ba-nt
Der **Perfekt**stamm von *īre* lautet *i-*. An diesen werden die Personalendungen des Perfekts angehängt. In der 2. Person verschmelzen Perfektstamm und Personalendung zu *ī*. Beim **Plusquamperfekt** folgen auf den Perfektstamm das Tempuszeichen *-era-* und die Personalendungen des Imperfekts.	i-ī **ī**-stī i-it i-imus **ī**-stis i-ērunt	i-era-m i-erā-s i-era-t i-erā-mus i-erā-tis i-era-nt

ÜBUNG 18 Schreibe alle Formen von *esse* heraus und bestimme sie. Schreibe in dein Übungsheft.

est – errat – eramus – fuistis – sumis – erratis – sumus – eo – errabamus – fuderunt – fuerunt – fuderam – es – fueram

ÜBUNG 19 Sortiere die folgenden Formen von *posse* nach Tempora.

possum – potueras – potuimus – potestis – poteras – potui – potueramus – poterat – potuerant – potuerunt – potest – poteratis

Präsens	Imperfekt

Perfekt	Plusquamperfekt

ÜBUNG 20 Bilde zu den angegebenen Formen von *esse* die entsprechenden von *posse*.

sumus →	possumus	fueram →	
eras →		fuit →	
fuisti →		eratis →	
sunt →		fuerant →	

ÜBEN

ÜBUNG 21 **Ergänze die fehlenden Glieder der Formenkette. Achtung: Es ändert sich immer nur ein Merkmal, die Person, der Numerus oder das Tempus!**

it → (Perf.) ______ → (Pl.) ______

→ (Plusquamperf.) ______ → (2. Ps.) ______

→ (Sg.) ______ → (Imperf.) ______

→ (1. Ps.) ______ → (Präs.) ______

→ (Pl.) ______ → (Imperf.) ______

→ (3. Ps.) ______ → (Sg.) ______

→ (Präs.) ______

ÜBUNG 22 **Welches Verb ist gefragt – *esse, posse* oder *ire?* Suche es in der passenden Form heraus, setze es ein und übersetze.**

Romae ______ (nos). –

______

Avus in urbem ______. –

______

Saepe Claudius et Valeria in foro ______. –

______

Lucius ad cenam venire non ______. –

______

Cantare non ______ (ego). –

______

Marcus diu aegrotus ______. –

______

5.6 Der Indikativ Aktiv im Überblick

	ā-Konjugation	ē-Konjugation	ī-Konjugation	gem. Konjugation	kons. Konjugation
	laudāre ***loben***	**monēre** ***mahnen***	**audīre** ***hören***	**capere** ***fassen***	**regere** ***leiten***
Präsens	laudō laudās laudat laudāmus laudātis laudant	moneō monēs monet monēmus monētis monent	audiō audīs audit audīmus audītis audiunt	capiō capis capit capimus capitis capiunt	regō regis regit regimus regitis regunt
Imperfekt	laudābam laudābās laudābat laudābāmus laudābātis laudābant	monēbam monēbās monēbat monēbāmus monēbātis monēbant	audiēbam audiēbās audiēbat audiēbāmus audiēbātis audiēbant	capiēbam capiēbās capiēbat capiēbāmus capiēbātis capiēbant	regēbam regēbās regēbat regēbāmus regēbātis regēbant
Perfekt	laudāvī laudāvistī laudāvit laudāvimus laudāvistis laudāvērunt	monuī monuistī monuit monuimus monuistis monuērunt	audīvī audīvistī audīvit audīvimus audīvistis audīvērunt	cēpī cēpistī cēpit cēpimus cēpistis cēpērunt	rēxī rēxistī rēxit rēximus rēxistis rēxērunt
Plusquam-perfekt	laudāveram laudāverās laudāverat laudāverāmus laudāverātis laudāverant	monueram monuerās monuerat monuerāmus monuerātis monuerant	audīveram audīverās audīverat audīverāmus audīverātis audīverant	cēperam cēperās cēperat cēperāmus cēperātis cēperant	rēxeram rēxerās rēxerat rēxerāmus rēxerātis rēxerant

	esse	posse	īre		esse	posse	īre
	sein	***können***	***gehen***		***sein***	***können***	***gehen***
Präsens	sum es est sumus estis sunt	possum potes potest possumus potestis possunt	eō īs it īmus ītis eunt	**Imperfekt**	eram erās erat erāmus erātis erant	poteram poterās poterat poterāmus poterātis poterant	ībam ībās ībat ībāmus ībātis ībant
Perfekt	fuī fuistī fuit fuimus fuistis fuērunt	potuī potuistī potuit potuimus potuistis potuērunt	iī īstī iit iimus īstis iērunt	**Plusquam-perfekt**	fueram fuerās fuerat fuerāmus fuerātis fuerant	potueram potuerās potuerat potuerāmus potuerātis potuerant	ieram ierās ierat ierāmus ierātis ierant

Klassenarbeit 1

90 Minuten

AUFGABE 1 Ergänze die fehlenden Formen und nenne die Art der Perfektbildung.

Infinitiv Präsens	1. Ps. Sg. Präsens	1. Ps. Sg. Perfekt	Perfektbildung
		audivi	
	tango		
pervenire			
	ascendo		
		monui	
tegere			

AUFGABE 2 Sortiere die folgenden Verbformen in die richtige Spalte ein. Verwende dabei für jede Form eine neue Zeile und ergänze anschließend die übrigen Tempora.

intravit – potest – fui – audiebamus – ceciderant – iubes – ludebant

Präsens	Imperfekt	Perfekt	Plusquamperfekt

TESTEN

AUFGABE 3 **Gib Person und Tempus zu folgenden Formen von *ire* an und übersetze.**

ibam →

ierunt →

imus →

istis →

ierat →

itis →

ibant →

eo →

AUFGABE 4 **Unterstreiche alle Verbformen.**

De bello Troiano

Graeci diu cum Troianis pugnabant. Nam Paris, filius regis Troiani, Helenam, uxorem Menelai, rapuerat. Quia autem post decem annos urbem vi capere non potuerant, Graeci consilium audax inierunt.

Equum ligneum fecerunt, militibus impleverunt, ante portas urbis posuerunt. Tum se abdiderunt. Troiani Graecos in patriam redisse putabant et equum in urbem traxerunt.

Nocte milites ex equo descenderunt et portas aperuerunt. Deinde Graeci, qui prope manserant, urbem invadere potuerunt. Ita Graeci urbem Troiam dolo ceperunt.

■ *Vokabeln:* Paris, Paridis – Páris (Sohn des Königs Priamos von Troja), Menelaus, -i – Menelaus (König von Sparta), consilium inire – einen Plan fassen, ligneus, -a, -um – hölzern, abdere, -do, -didi – verstecken, redire, -eo, -ii – zurückkehren

AUFGABE 5 Bestimme die konjugierten Verbformen aus Aufgabe 4. Nenne jeweils den Infinitiv Präsens und die Bedeutung.

Verbform	Bestimmung	Infinitiv Präsens	Bedeutung
pugnabant	3. Ps. Pl. Imperf.	pugnare	kämpfen

AUFGABE 6 Warum wird wann welche Zeit verwendet? Begründe und übersetze den Text aus Aufgabe 4. Schreibe in dein Übungsheft.

Klassenarbeit 2

45 Minuten

AUFGABE 7 **Ordne die Formen der Art der Perfektbildung zu.**

AUFGABE 8 **Bilde die angegebenen Plusquamperfektformen und übersetze sie.**

potu – ihr

cep – ich

sens – sie (Pl.)

tetig – er / sie / es

eg – wir

spectav – du

fu – ich

AUFGABE 9 **Setze die Plusquamperfektformen aus Aufgabe 8 ins Imperfekt und Perfekt.**

Imperfekt	**Perfekt**

TESTEN

AUFGABE 10 **Setze das passende Verb ein und übersetze.**

fuistis – potest – est – ibant – eramus – iit – possunt

Romani saepe in thermas ______ .

Saepe cum amicis in thermis ______ (nos).

Vesuvius mons periculosus ______ .

Vicinus ad cenam venire non ______ .

■ *Vokabeln:* Vesuvius, -i *m* – Vesuv (Vulkan bei Pompeji), periculosus, -a, -um – gefährlich

AUFGABE 11 **Unterstreiche die Prädikate und bestimme ihre Form. Begründe die Verwendung von Imperfekt und Perfekt. Übersetze anschließend.**

Nox erat, in villa avi eramus et dormiebamus.

Subito clamores audivimus, quia ignis in vicinia fuit.

Multi homines ignem extinguebant, sed flammae multas villas deleverunt.

■ *Vokabeln:* vicinia, -ae *f* – Nachbarschaft, extinguere – löschen

Pronomina

6.1 Das Personalpronomen

Das Personalpronomen (persönliches Fürwort) steht stellvertretend für Personen, in der 3. Person auch für Sachen.

ich, mir, du, dich, er, ihn, sie, es

1. und 2. Person

Die lateinischen Personalpronomina der 1. und 2. Person lauten:

1. Ps.	Singular	Plural
Nom.	*egō – ich*	*nōs – wir*
Gen.	*meī – meiner*	*nostrī / -um – unser / von uns*
Dat.	*mihī – mir*	*nōbīs – uns*
Akk.	*mē – mich*	*nōs – uns*
Abl.	*(ā) mē – (von) mir*	*(ā) nōbīs – (von) uns*

2. Ps.	Singular	Plural
Nom.	*tū – ich*	*vōs – ihr*
Gen.	*tuī – deiner*	*vestrī / -um – euer / von euch*
Dat.	*tibī – dir*	*vōbīs – euch*
Akk.	*tē – dich*	*vōs – euch*
Abl.	*(ā) tē – (von) dir*	*(ā) vōbīs – (von) euch*

Rufus **mihi** librum donavit. – Rufus hat **mir** ein Buch geschenkt.

Liberi **nos** salutant. – Die Kinder begrüßen **uns.**

Claudia et Marce, mater **vos** vocat! – Claudia und Markus, eure Mutter ruft **euch!**

Beachte: ***Nostrī / vestrī*** steht, wenn der Genitiv Attribut (↑ Kap. 1.3) ist; ***nostrum / vestrum*** wird als Teilungsgenitiv (Gen. partitivus, ↑ Kap. 3.1) verwendet.
Die Präposition ***cum*** *– mit* wird an den Ablativ des Personalpronomens angehängt.

Memoria **vestri** nos delectat. – Die Erinnerung **an euch** macht uns Freude.
Quis **vestrum** nunc domum it? – Wer **von euch** geht jetzt nach Hause?
Vobis**cum** ambulamus. – Wir gehen **mit euch** spazieren.

Beachte: Diese Personalpronomina können auch **reflexiv** verwendet werden, d. h. sie beziehen sich auf das Subjekt.

Solum **te** amas. – Du liebst nur dich (selbst).
Mecum contentus / -a sum. – Ich bin mit mir zufrieden.

Im Nominativ steht ein Personalpronomen nur, wenn eine besondere Betonung vorliegt.

Ego semper matrem adiuvo, tu autem numquam adiuvas. – Ich helfe unserer Mutter immer, *du* hilfst jedoch nie.

3. Person

Bei der 3. Person unterscheidet man im Lateinischen, ob sich das Personalpronomen auf das Subjekt rückbezieht (also reflexiv ist) oder nicht.

Gaius **eum** laudat. – Gaius lobt **ihn.**
→ *Mit* eum *ist nicht Gaius gemeint, sondern eine andere Person (nicht reflexiv).*

Gaius **se** laudat. – Gaius lobt **sich.**
→ *Mit* se *ist Gaius gemeint (reflexiv).*

Da es keine eigenen Formen für das nicht reflexive **Personalpronomen der 3. Person** gibt, werden stattdessen die Formen des Demonstrativpronomens ***is, ea, id*** verwendet (außer im Nom. Sg. / Pl.).

Sg.	m	f	n
Nom.	–	–	–
Gen.	*eius*	*eius*	*eius*
Dat.	*eī*	*eī*	*eī*
Akk.	*eum*	*eam*	*id*
Abl.	*eō*	*eā*	*eō*

Pl.	m	f	n
Nom.	–	–	–
Gen.	*eōrum*	*eārum*	*eōrum*
Dat.	*eīs / iīs*	*eīs / iīs*	*eīs / iīs*
Akk.	*eōs*	*eās*	*ea*
Abl.	*eīs / iīs*	*eīs / iīs*	*eīs / iīs*

Pater Tullium filium clamat. Tullius autem **eum** non audit. – Der Vater ruft seinen Sohn Tullius. Tullius hört **ihn** jedoch nicht.

Discipuli non student. Itaque magister **eos** vituperat. – Die Schüler strengen sich nicht an. Deshalb tadelt **sie** der Lehrer.

Rufus gaudet. Avus enim **ei** fabulam narrat. – Rufus freut sich. Der Großvater erzählt **ihm** nämlich eine Geschichte.

Personalpronomen richten sich im Genus und Numerus nach dem Bezugswort, im Kasus nach der Satzgliedfunktion (Akkusativ als Akkusativobjekt usw.).

Beachte: Handelt es sich um mehrere Bezugswörter mit unterschiedlichem Genus, hat das Maskulinum Vorrang vor dem Femininum.

Tullium et Claudiam quaero. Vidistine **eos?** – Ich suche Tullius und Claudia. Hast du **sie** gesehen?

Ist das Pronomen reflexiv, werden folgende Formen für alle drei Genera im Singular wie im Plural verwendet:

Nom.	–
Gen.	*suī*
Dat.	*sibī*
Akk.	*sē*
Abl.	*ā sē / sēcum*

Clodius solum **se** amat. – Clodius liebt nur **sich** (selbst).

Parentes auxilium **sibi** exspectant. – Die Eltern erwarten (für) **sich** Hilfe.

ÜBUNG 1 **Ergänze die fehlenden Personalpronomina. Ergänze die 2. Person in deinem Übungsheft.**

	1. Ps. Sg.	1. Ps. Pl.
Nom.		
Gen.	mei	nostri /
Dat.	mihi	
Akk.		
Abl.		/ nobiscum

ÜBUNG 2 **Setze das passende Personalpronomen im richtigen Kasus ein.**

Claudia ______ (dich) ubique quaesivit.

Avus ______ (uns) visitat.

Mater ______ (mir) dona pulchra dedit.

Quis heri ______ (mit euch) ambulavit?

Venite ______ (mit uns) in hortum, amici!

■ *Vokabeln:* ubique (Adv.) – überall, ambulare – spazieren gehen

ÜBUNG 3 **Ersetze die Substantive in Klammern mit einer Form von *is, ea, id.* Achte auf die Kongruenz! Übersetze in deinem Übungsheft.**

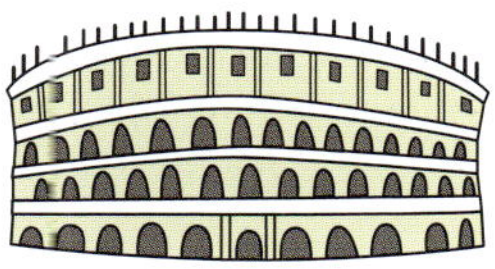

Titus Publium in foro vidit et ______ (Publium) salutavit.

Mater mea non valet. Itaque ______ (matri) adesse debeo.

Claudia et Cornelia in amphitheatro sunt. At ludi ______ (Claudiam et Corneliam) non delectant.

Quintus et Sextus gaudent, nam avus ______ (Quinto et Sexto) librum donavit.

■ *Vokabeln:* amphitheatrum, -i *n* – Amphitheater, ludus, -i *m* Spiel

ÜBUNG 4 **Teilungsgenitiv oder Genitiv als Attribut? Ergänze die richtige Endung.**

aliquis nostr ____ – irgendeiner von uns

vestr ____ causā – euretwegen

nemo vestr ____ – keiner von euch

memoria nostr ____ – die Erinnerung an uns

■ *Vokabeln:* causā (+ Gen.) – wegen

ÜBUNG 5 **Reflexiv oder nicht reflexiv? Unterstreiche das richtige Pronomen. Übersetze in deinem Übungsheft.**

1. Homo avarus solum sibi / ei pecuniam parat.
2. Gladiator cum bestia pugnat et eam / se necat.
3. Publius Claudiam valde amat. Ei / Sibi semper multa dona dat.
4. Gaio amici non sunt, quia solum eum / se amat.

■ *Vokabeln:* avarus, -a, -um – geizig, solum (Adv.) – nur, valde (Adv.) – sehr

WISSEN +

Reflexivität im AcI
Auch im AcI (↑ Kap. 7.2) bezieht sich das reflexive Personalpronomen auf das Subjekt des Satzes. Übersetze je nach Funktion im AcI.

Marius amicos **se** salutare gaudet. – Marius freut sich, dass **ihn** seine Freunde begrüßen.
→ se = *Objekt im AcI*

Tullia **se** multas amicas habere scit. – Tullia weiß, dass **sie** viele Freundinnen hat.
→ se = *Subjekt(sakkusativ) im AcI*

Claudius Marcusque libros **sibi** deesse dicunt. – Claudius und Marcus sagen, dass **ihnen** (die) Bücher fehlen / dass sie keine Bücher haben.
→ sibi = *Dativobjekt im AcI*

ÜBUNG 6 **Wie musst du das reflexive Personalpronomen jeweils übersetzen? Schreibe in dein Übungsheft.**

1. Socrates se nihil scire dixit.
2. Milites se fortes esse sciverunt.
3. Pater filios sibi numquam adesse dicit.

6.2 Das Possessivpronomen

Das Possessivpronomen zeigt ein Besitzverhältnis an *(possidēre – besitzen): mein, dein, sein, ihr* usw.
Die lateinischen Possessivpronomina werden wie das Beispiel ***meus, -a, -um*** nach der ā- / o-Deklination dekliniert und richten sich in Kasus, Numerus und Genus nach dem Bezugswort.

Sg.	m	f	n
Nom.	*meus*	*mea*	*meum*
Gen.	*meī*	*meae*	*meī*
Dat.	*meō*	*meae*	*meō*
Akk.	*meum*	*meam*	*meum*
Abl.	*meō*	*meā*	*meō*

Pl.	m	f	n
Nom.	*meī*	*meae*	*mea*
Gen.	*meōrum*	*meārum*	*meōrum*
Dat.	*meīs*	*meīs*	*meīs*
Akk.	*meōs*	*meās*	*mea*
Abl.	*meīs*	*meīs*	*meīs*

meus, mea, meum – mein
tuus, tua, tuum – dein
suus, sua, suum – sein / ihr
noster, nostra, nostrum – unser
vester, vestra, vestrum – euer
suus, sua, suum – ihr

nomen meum – mein Name
hortus tuus – dein Garten
mater nostra – unsere Mutter
fratres vestri – eure Brüder

Heri sororem **tuam** vidi. – Gestern habe ich deine Schwester gesehen.
Liberi, magistro **vestro** parete! – Kinder, gehorcht eurem Lehrer!

Beachte: In der 3. Person unterscheidet man wiederum zwischen reflexiven und nicht reflexiven Formen.
Bezieht sich das Possessivpronomen auf das Subjekt, werden in Singular und Plural Formen von ***suus, -a, -um*** *– sein, ihr* verwendet.
Die nicht reflexiven Possessivpronomina (= die Genitive von ***is, ea, id***) lauten:

	m	f	n
Sg.	*eius*	*eius*	*eius*
	sein	*ihr*	*sein*
Pl.	*eōrum*	*eārum*	*eōrum*
	ihr	*ihr*	*ihr*

Das nicht reflexive Pronomen richtet sich nur in Numerus und Genus nach der Person oder Sache, auf die es sich bezieht, d.h. es steht immer im Genitiv!

Valerius amicos **suos** vocat. – Valerius ruft seine Freunde.
→ *Mit* amicos suos *sind Valerius' eigene Freunde gemeint (reflexiv).*

Valerius amicos **eius** vocat. – Valerius ruft **seine / dessen** Freunde.
→ *Mit* amicos eius *sind die Freunde einer anderen Person gemeint (nicht reflexiv).*

Pater vicinos visitat. Domum **eorum** intrat. – Der Vater besucht die Nachbarn. Er betritt **ihr / deren** Haus.

Mater servam vituperat, quia vas **eius** fregit. – Die Mutter tadelt die Sklavin, da diese **ihr / deren** Gefäß zerbrochen hat.

ÜBUNG 7 Verbinde die Substantive mit einem passenden Possessivpronomen.

causam	tuos
villis	suorum
clamori	sui
filiorum	vestro
servos	meis
domini	nostram

ÜBUNG 8 Dekliniere die folgenden Wortpaare. Schreibe die beiden anderen Deklinationsbeispiele in dein Übungsheft.

equus tuus – mater nostra – agmen suum

	Singular	Plural
Nom.	equus tuus	
Gen.		
Dat.		
Akk.		
Abl.		

ÜBUNG 9 Setze das fehlende Possessivpronomen im richtigen Kasus, Numerus, Genus ein.

maiores		(euer)
amicas		(unser)
magistri		(mein)
urbe		(dein)
animalium		(euer)
officia		(unser)

■ *Vokabeln:* animal, -alis *n* – Tier, Lebewesen

ÜBUNG 10 **Trage die richtigen Formen in das Wortgitter ein. Die hinterlegten Felder ergeben das Lösungswort.**

1. Dat. Sg. f von *tuus, -a, -um*
2. Dat. Pl. f von *vester, -tra, -trum*
3. Gen. Pl. m / n von *suus, -a, -um*
4. Akk. Pl. m von *meus, -a, -um*
5. Abl. Sg. n von *suus, -a, -um*
6. Abl. Pl. n von *tuus, -a, -um*

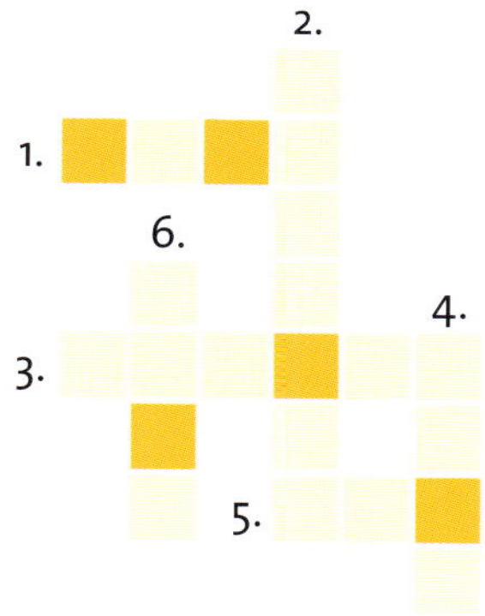

Lösungswort: ______

ÜBUNG 11 **Ergänze die passende Endung von *suus, -a, -um*.**

Oratori solum oratio su______ placet.

Titus dicit eam tunicam su______ esse.

Poeta carmina su______ legit.

Servis labores su______ non placent.

■ *Vokabeln:* orator, -oris *m* – Redner, oratio, -onis *f* – Rede, carmen, -inis *n* – Gedicht, tunica, -ae *f* – Tunika

WISSEN +

Fehlende Possessivpronomina

Wenn sich das Possessivpronomen auf das Subjekt des Satzes bezieht, fehlt es, wenn es aus dem Zusammenhang eindeutig erschlossen werden kann. In der Übersetzung musst du das Possessivpronomen jedoch ergänzen.

Manus lavo. – Ich wasche (mir) **meine** Hände.
Sextus parentes amat. – Sextus liebt **seine** Eltern.

ÜBUNG 12 **Übersetze die folgenden Sätze in deinem Übungsheft.**

1. Servi domino parent.
2. Villam intramus.
3. Pater filios laudat.
4. Marius semper tacet, os numquam aperit.

■ *Vokabeln:* os, oris *n* – Mund

ÜBEN

WISSEN ⊕

Substantivierte Possessivpronomina
Jedes Possessivpronomen kann auch als Substantiv verwendet werden:
meum, -ī n – *das Meine, mein Eigentum*
meī, -ōrum m – *die Meinen, meine Familie*
nostrum, -ī n – *das Unsere, unser Eigentum*
nostrī, -ōrum m – *die Unseren, unsere Familie*
In den anderen Personen werden die Formen entsprechend gebildet.

Tuos valde amas. – Du liebst die Deinen sehr.
Senator nihil **sui** perdere voluit. – Der Senator wollte nichts von seinem Eigentum verlieren.
Vestri inimicos vicerunt. – Die Euren haben die Feinde besiegt.

ÜBUNG 13 **Übersetze die folgenden Sätze.**

Fur omnia nostra rapuit.

Marcus suis litteras mittit.

Vestri divites sunt.

Villa meorum apud flumen sita est.

■ *Vokabeln:* litterae, -arum *f* – Brief, dives, -itis – reich, situs, -a, -um – gelegen

ÜBUNG 14 **Reflexiv oder nicht reflexiv? Setze die passenden Formen von *suus, -a, -um* bzw. *is, ea, id* ein. Übersetze anschließend den Satz in deinem Übungsheft.**

Tullius amicam ________ (seine) Claudiam visitat. Etiam parentes ________ (von Claudia) adsunt.

Cornelia et Caecilia laetae sunt. Pater ________ (von Cornelia und Caecilia) enim dona apportavit.

Discipuli clamant. Magister clamorem ________ (der Schüler) audit et eos vituperat.

Rufus tabulam ________ (seine) hodie non apportavit.

■ *Vokabeln:* vituperare – tadeln, tabula, -ae *f* – Schreibtafel

ÜBEN

6.3 Das Relativpronomen

quī, quae, quod – welcher, welches, welcher

Das Relativpronomen leitet einen Gliedsatz, einen sogenannten Relativsatz, ein. Dieser beschreibt ein Satzglied des Hauptsatzes näher, er ist also ein Attribut (↑ Kap. 1.3) zu diesem.
Das Relativpronomen richtet sich deshalb in Numerus und Genus nach diesem Bezugswort, im Kasus jedoch nach seiner eigenen Funktion im Relativsatz: Es steht im Nominativ, wenn es Subjekt des Relativsatzes ist, im Akkusativ, wenn es Akkusativobjekt ist usw.

Die Formen lauten im Lateinischen:

Sg.	m	f	n
Nom.	*quī*	*quae*	*quod*
Gen.	*cuius*	*cuius*	*cuius*
Dat.	*cui*	*cui*	*cui*
Akk.	*quem*	*quam*	*quod*
Abl.	*quō*	*quā*	*quō*

Pl.	m	f	n
Nom.	*quī*	*quae*	*quae*
Gen.	*quōrum*	*quārum*	*quōrum*
Dat.	*quibus*	*quibus*	*quibus*
Akk.	*quōs*	*quās*	*quae*
Abl.	*quibus*	*quibus*	*quibus*

Tipp: Im Genitiv und Dativ Singular sowie im Dativ und Ablativ Plural sind die Formen für alle drei Genera gleich!

Beachte: Steht die Präposition *cum – mit,* wird sie direkt an den Ablativ des Relativpronomens angehängt: *quōcum – mit dem, quācum – mit der, quibuscum – mit denen.*

Parentes, **qui** avum visitaverant, redierunt. – Unsere Eltern, **die** den Großvater besucht hatten, kamen zurück.
→ qui *(Nom. Pl. m) ist Subjekt im Relativsatz und bezieht sich auf* parentes *(Nom. Pl. m.), das Subjekt des Hauptsatzes ist.*

Parentes, **quos** valde amamus, tandem redeunt. – Unsere Eltern, **die** wir sehr lieben, kommen endlich zurück.
→ quos *(Akk. Pl. m) ist Akkusativobjekt im Relativsatz und bezieht sich auf* parentes *(Nom. Pl. m), das Subjekt des Hauptsatzes ist.*

Cur parentibus, **quos** valde amatis, non semper paretis? – Warum gehorcht ihr nicht immer euren Eltern, **die** ihr (doch) sehr liebt?
→ quos *(Akk. Pl. m) ist Akkusativobjekt im Relativsatz und bezieht sich auf* parentibus *(Dat. Pl. m), das Dativobjekt im Hauptsatz ist.*

Villam, **in qua** avus vivit, intramus. – Wir betreten das Landhaus, **in dem** unser Großvater lebt.
→ qua *(Abl. Sg. f zusammen mit der Präposition* in*) ist ein Adverbiale und bezieht sich auf* villam *(Akk. Sg. f), das Akkusativobjekt des Hauptsatzes ist.*

Amicos, **quibuscum** venistis, nondum cognovimus. – Die Freunde, **mit denen** ihr gekommen seid, kennen wir noch nicht.

Relativer Satzanschluss

Eine Besonderheit des Lateinischen stellt der **relative Satzanschluss** dar.

Milites profecti sunt. **Qui** iam tempore brevi in Galliam pervenerunt. – Die Soldaten brachen auf. **Diese** gelangten schon nach kurzer Zeit in Gallien an.
Hostes ad flumen pervenerunt. **Quod** post castra nostra erat. – Die Feinde kamen an einem Fluss an. **Dieser** floss hinter unserem Lager vorbei.

Hier steht am Satzanfang anstelle eines Demonstrativpronomens ein Relativpronomen, das sich auf ein Wort des vorangegangenen Satzes bezieht. Es soll dadurch eine engere Verknüpfung zwischen den beiden Sätzen bzw. Gedanken hergestellt werden.

Tipp: In deiner Übersetzung gibst du das Relativpronomen am besten mit einem Demonstrativpronomen („dieser", „diese", „dieses") wieder. Manchmal kannst du ebenfalls mit einer zum Sinn passenden Konjunktion oder Partikel („aber", „also", „nämlich", „jedoch" usw.) übersetzen, auch wenn im Lateinischen nur das Relativpronomen steht.

Spectatores gladiatorem, cum arenam intrat, magno clamore salutant. **Qui** praeclarus est. – Die Zuschauer begrüßen den Gladiator mit großem Geschrei, als er die Arena betritt. **Dieser** ist **nämlich** sehr berühmt.

Häufige relative Satzanschlüsse sind die folgenden Verbindungen. Präge sie dir als feste Wendungen ein:

quō factō
quibus rēbus factīs } *darauf(-hin)*

Caesar Gallos vicit. **Quo facto** Romam profectus est. – Caesar besiegte die Gallier. **Daraufhin** brach er nach Rom auf.

quā rē / quārē
quā dē causā
quāpropter } *daher, deshalb*

Mater Quintum non videt. **Qua de causa** eum vocat. – Die Mutter sieht Quintus nicht. **Deshalb** ruft sie ihn.

quibus rēbus cognitīs
quā rē audītā } *auf diese Nachricht hin*

Nuntius Caesari victoriam nuntiavit. **Qua re audita** Caesar statim profectus est. – Ein Bote meldete Caesar den Sieg. **Auf diese Nachricht hin** brach Caesar sofort auf.

ÜBUNG 15 **Bestimme die folgenden Formen des Relativpronomens. Achtung: Manchmal gibt es mehrere Möglichkeiten!**

quo

quas

qui

quae

quorum

quem

quod

ÜBUNG 16 **Verbinde die Relativpronomina mit einer passenden Übersetzung.**

ÜBUNG 17 **Bestimme Form, Satzgliedfunktion und Bezugswort des Relativpronomens und übersetze in deinem Übungsheft.**
Beispiel: Gaius Tullium, qui amicus est, salutat. → Form: Nom. Sg. m, Satzgliedfunktion: Subjekt, Bezugswort: Tullium – Gaius begrüßt Tullius, der sein Freund ist.

1. Heri Rufum, de quo narraveras, vidi. →
2. Caesar in Galliam venit, quam expugnare voluit. →
3. Amicam, cuius nomen est Claudia, invitavimus. →

■ *Vokabeln:* nomen, -inis *n* – Name

ÜBUNG 18 **Welche Form des Relativpronomens ist richtig? Unterstreiche diese und übersetze anschließend den ganzen Satz.**

Agricola est vir, qui / quem / cui ruri vivit et laborat.

Bestia est animal, qui / quod / quocum gladiator pugnat.

Magistri sunt viri, quos / quibus / quorum est discipulos docere.

Serva est femina, cui / quae / quam dominae parere debet.

Cives sunt homines, quos / qui / quibus urbem incolunt.

■ *Vokabeln:* ruri – auf dem Land, animal, -alis *n* – Tier

WISSEN

Übersetzung von kurzen Relativsätzen
Manche kurze Relativsätze kannst du im Deutschen mit einem Substantiv oder Adjektiv wiedergeben:

qui adsunt / aderant	*die, die anwesend sind / waren*	→ *die Anwesenden*
qui praesunt	*die, die anführen*	→ *die Vorgesetzten, Führer*
milites, qui ceciderunt	*die Soldaten, die gefallen sind*	→ *die gefallenen Soldaten*
ea, quae praeteriit, hieme	*im Winter, der voranging*	→ *im vorangehenden Winter*

ÜBUNG 19 **Suche zu den folgenden Relativsätzen eine passende Kurzübersetzung.**

1. qui rei publicae praesunt
2. qui incolunt urbem
3. Germani, qui trans Rhenum incolunt
4. omnes, qui aderant

■ *Vokabeln:* res publica, rei -ae *f* – Staat, praeesse (+ Dat.) – vorstehen, incolere – bewohnen

ÜBUNG 20 **Übersetze die folgenden Sätze mit relativem Satzanschluss.**

Corneliae urbs non placet. Qua re ruri vivit.

Hostes oppidum expugnare voluerunt. Quod incolae fortiter defenderunt.

Servae labores non conficiunt. Quas domina reprehendit.

Caesar oppida hostium expugnavit. Quibus rebus factis in Italiam rediit.

Cicero litteras scripsit. Quo facto eas ad fratrem misit.

■ *Vokabeln:* ruri – auf dem Land, oppidum, -i *n* – Stadt, fortiter (Adv.) – tapfer, conficere, -ficio, -feci – erledigen, redire, -eo, -ii – zurückkehren, litterae, -arum *f* – Brief

ÜBUNG 21 **Mache aus zwei Sätzen einen, indem du den zweiten Satz jeweils zu einem Relativsatz umformst. Welches Wort musst du mit einem Relativpronomen ersetzen? Übersetze anschließend den neu gebildeten Satz in deinem Übungsheft.**

Aeneas cum sociis in Italiam advenit. Aeneas Troiam reliquerat.

Puella amica Valerii est. Heri puellam vidimus.

Liber donum patris erat. Marcus librum legit.

Germani flumen transierunt. Romani flumen defendebant.

Publius avarus est. Pater Publii dives est.

■ *Vokabeln:* advenire, -venio, -veni – ankommen, heri (Adv.) – gestern, transire, -eo, -ii – überschreiten, avarus, -a, -um – geizig, dives, -itis – reich

Klassenarbeit 1

60 Minuten

AUFGABE 1 **Personalpronomina, Possessivpronomen oder beides? Ordne zu.**

mei – tuae – tibi – suis – sui – nobis – eis – eorum – vestrum – vos – nostra – meo

Personalpronomen	Possessivpronomen	beides

AUFGABE 2 **Welche Formenbestimmung der folgenden Relativpronomina ist zutreffend? Kreuze an. Achtung: Einmal sind mehrere Lösungen möglich!**

quos	☐ Akk. Pl. n	☐ Akk. Sg. m	☐ Akk. Pl. m
cui	☐ Gen. Sg. f	☐ Dat. Sg. f	☐ Nom. Pl. m
qua	☐ Abl. Sg. f	☐ Nom. Pl. n	☐ Nom. Sg. f
quorum	☐ Akk. Sg. m	☐ Gen. Pl. n	☐ Akk. Sg. n
quae	☐ Nom. Pl. n	☐ Akk. Sg. f	☐ Nom. Pl. f

AUFGABE 3 **Welche der Personalpronomina sind reflexiv, welche nicht reflexiv und welche beides? Kreuze an.**

	reflexiv	nicht reflexiv	beides
te	☐	☐	☐
mihi	☐	☐	☐
se	☐	☐	☐
earum	☐	☐	☐
nos	☐	☐	☐
sui	☐	☐	☐
ei	☐	☐	☐

TESTEN

AUFGABE 4 **Lies den folgenden Text durch und markiere alle Pronomina.**

Aeneas, qui postea auctor populi Romani fuit, Troianus fuit. Ex urbe sua Troia, quam Graeci deleverant, nocte fugit. Aeneas patrem Anchisem, qui iam senex erat, e Troia portavit. Etiam filium, cuius nomen erat Iulus, secum duxit et eos servavit. Qua re Vergilius, qui poeta Romanus clarissimus fuit, Aeneam „pium“ nominavit. Etiam multi socii eius cum Aenea fugerunt. Post multos errores in Italiam pervenerunt.

- *Vokabeln:* auctor, -oris *m* – (hier) Stammvater, Troianus, -i *m* – Trojaner, fugere, fugio, fugi – fliehen, nomen, -inis *m* – Name, nominare – nennen, error, -oris *m* – (hier) Irrfahrt, pervenire, -venio, -veni – ankommen

AUFGABE 5 **Bearbeite die folgenden Anweisungen und Fragen zum Text von Aufgabe 4.**

1. Ordne die Pronomina nach ihrer Art an und bestimme ihre Form.

   Relativpronomina:

   Possessivpronomina:

   Personalpronomina:

2. Wie lautet das jeweilige Bezugswort?

3. Um welche Konstruktion handelt es sich bei *qua re?* Wie kannst du sie übersetzen?

AUFGABE 6 **Übersetze den Text aus Aufgabe 4. Schreibe in dein Übungsheft.**

Klassenarbeit 2

45 Minuten

AUFGABE 7 **Verbinde die Personalpronomina mit der passenden Bedeutung.**

nos	mir
tibi	(für) euch
me	uns
vobis	ich
se	mich
mihi	sich
ego	dir

AUFGABE 8 **Welche Pronomina sind reflexiv bzw. können reflexiv sein?**

meae · eis · suum · tui · sibi

eam · vestris · eorum · nobis · nostra

AUFGABE 9 **Setze das angegebene Possessivpronomen in der richtigen Form ein. Achte auf die Kongruenz. Manchmal gibt es mehrere Möglichkeiten!**

domus		(euer)
servos		(mein)
operis		(sein, refl.)
insidiae		(ihr, nicht refl., Pl.)
legibus		(unser)
fratri		(dein)
labore		(ihr, refl.)
parentibus		(mein)
orationem		(sein, refl.)

AUFGABE 10 **Setze das passende Relativpronomen ein. Übersetze die Sätze.**

cuius – quem – quibus – qui – quo – qua – quorum – quam

Gladiator ..., ______ arenam intrat, praeclarus est.
______ turba salutat, fortissimus est.
______ nomen est Maximus, semper vincit.
leonem, ______ cum pugnat, interficit.

Der Gladiator

AUFGABE 11 **Übersetze die Sätze mit relativem Satzanschluss. Bestimme die Form des Relativpronomens und nenne das Bezugswort.**

Lucius Gaium quaerit. Qui in bibliotheca est et librum legit.

Rufus litteras ad Marcum miserat. Quas Marcus numquam accepit.

Aeneas patrem filiumque e flammis servavit. Quo facto naves solvit et Italiam petivit.

■ *Vokabeln:* naves solvere – absegeln

AUFGABE 12 **Übersetze die folgenden Sätze. Versuche dabei die Relativsätze möglichst knapp wiederzugeben.**

Omnes senatores, qui aderant, sententiam dixerunt.
Eis, qui rei publicae praesunt, salus civium cordi est.
Belgae cum Germanis, qui trans Rhenum incolunt, continenter bellum gerunt.

■ *Vokabeln:* sententiam dicere – seine Stimme abgeben, res publica, rei publicae *f* – Staat, praeesse (+ Dat.) – vorstehen, Belgae, -arum *m* – Belgier, Germani, -orum *m* – Germanen, incolere – bewohnen, continenter (Adv.) – ständig

7

Konstruktionen mit dem Infinitiv

7.1 Der bloße Infinitiv

Formen

Du kennst bereits den **Infinitiv Präsens Aktiv** in allen Konjugationen:

- ā-Konjugation: *-āre* — vocare – rufen
- ē-Konjugation: *-ēre* — monere – mahnen
- ī-Konjugation: *-īre* — venire – kommen
- konsonantische Konjugation: *-ere* — agere – handeln
- gemischte Konjugation: *-ere* — capere – ergreifen

Der **Infinitiv Perfekt Aktiv** wird mit dem jeweiligen Perfektstamm (↑ Kap. 5.1) und der Endung *-isse* gebildet.

vocavisse – gerufen haben
monuisse – gemahnt haben
cepisse – ergriffen haben
cucurrisse – gelaufen sein

Verben mit dem Infinitiv

Der Infinitiv steht wie im Deutschen nach bestimmten Verben und Ausdrücken. Er ist **Subjekt** („wer oder was?") u.a. nach folgenden unpersönlichen Ausdrücken:
facile / utile est – es ist leicht / nützlich
tempus / mōs est – es ist Zeit / Sitte
opus / necesse est – es ist nötig
decet – es gehört sich
libet – es beliebt / gefällt

Tempus est redire. – Es ist Zeit zurückzukehren.
Timere non decet. – Es gehört sich nicht, ängstlich zu sein.

Als **Objekt** („wen oder was?") steht der Infinitiv nach vielen Verben, z. B.:
posse – können
debēre – müssen
studēre – sich bemühen
properāre – sich beeilen
incipere – anfangen

Venire non potuerunt. – Sie konnten nicht kommen.
Propera ad nos venire! – Beeile dich, zu uns zu kommen!
Laborare incipite! – Fangt an zu arbeiten!

Da der Infinitiv im Lateinischen oft wie im Deutschen verwendet wird, ist die Übersetzung ganz einfach!

ÜBUNG 1 Schreibe alle Infinitive heraus und übersetze sie.

patere – arcere – amore – colere – timore – corpore – dare – fure – timere – esse – patre

ÜBUNG 2 In der Wortschlange haben sich viele Infinitive versteckt. Schreibe sie in die entsprechende Spalte und ergänze die jeweils fehlende Form.

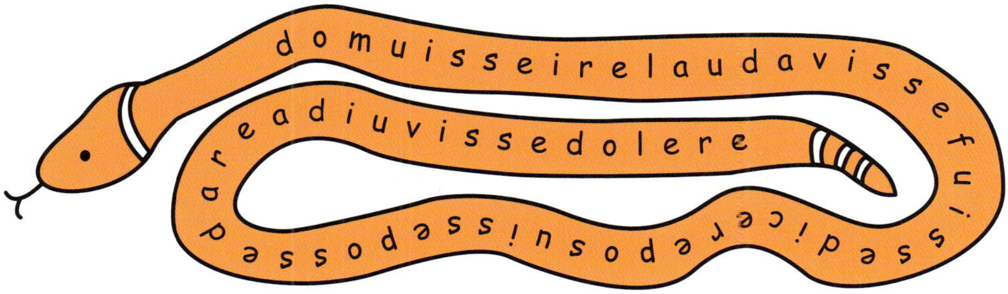

Infinitiv Präsens	Infinitiv Perfekt

ÜBEN

ÜBUNG 3 **Bilde jeweils den Infinitiv Perfekt und übersetze ihn.**

delere	delevisse – zerstört haben
videre	
vincere	
tangere	
tacere	
sumere	
ridere	
relinquere	
quaerere	
respondere	

ÜBUNG 4 **Verbinde die Satzteile zu sinnvollen Sätzen und übersetze diese in deinem Übungsheft.**

Necesse est amicos	visitare.
Tempus est avum	cantare.
Decet parentibus	parere.
Mihi libet	habere.

ÜBUNG 5 **Unterstreiche jeweils den Infinitiv und bestimme seine Satzfunktion. Übersetze anschließend in deinem Übungsheft.**

Senatores consilium capere studuerunt.

Opus est patri adesse.

Matrem adiuvare debemus.

Serva, in culina laborare propera!

Mos Romanus erat deis sacrificare.

Discipuli, studere incipite!

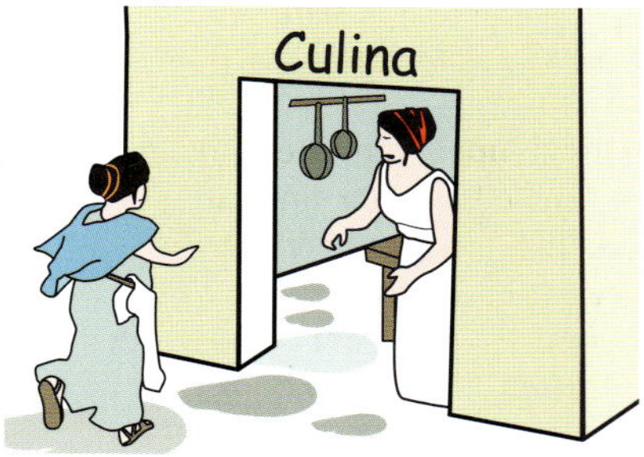

■ *Vokabeln:* consilium capere – einen Plan fassen, sacrificare – opfern

7.2 Der AcI

Der *Accusativus cum infinitivo* (AcI) ist eine typisch lateinische Konstruktion, die dir in fast allen Texten begegnen wird. Er besteht aus einem Akkusativ und einem Infinitiv, die vom Prädikat des übergeordneten Satzes abhängen.

Puto	Corneliam venire.
↓	↓
Prädikat	*Akkusativ + Infinitiv (AcI)*
Ich glaube,	dass Cornelia kommt.

Selten jedoch kannst du den AcI im Deutschen mit einem Infinitiv wiedergeben. Am besten übersetzt du mit einem „dass“-Satz: Der Akkusativ wird zum Subjekt des „dass“-Satzes, der Infinitiv zum Prädikat, weswegen der Akkusativ auch **Subjektsakkusativ** genannt wird.

Dico	Marcum	stultum esse.
↓	↓	↓
Prädikat	*Akkusativ*	*Infinitiv*
Ich sage,	dass Markus	dumm ist.

Der AcI steht nur nach bestimmten Verben und Ausdrücken. Er füllt die Satzgliedstelle eines **Objekts** aus nach

- Verben des Sprechens:
  narrāre – erzählen
  dīcere – sagen, sprechen
  respondēre – antworten

  Pater **avum venire** dicit. – Der Vater sagt, dass der Großvater kommt.

- Verben des Glaubens:
  putāre – meinen, glauben
  crēdere – glauben

  Putant **me** nihil **scire**. – Sie glauben, dass ich nichts weiß.

- Verben des Wahrnehmens:
  vidēre – sehen
  audīre – hören
  intellegere – erkennen

  Patrem villam **intrare** audio. – Ich höre, dass mein Vater das Landhaus betritt.

- Verben des Fühlens:
  gaudēre – sich freuen
  dolēre – traurig sein
  sentīre – fühlen

  Gaudeo **vos adesse.** – Ich freue mich, dass ihr da seid.

Nach unpersönlichen Ausdrücken hat der AcI die Funktion eines **Subjekts:**
cōnstat – es steht fest, es ist bekannt
appāret – es ist klar
fāma est – es geht das Gerücht
opīniō est – man meint

Constat **gladiatores** cum bestiis **pugnare.** – Es ist bekannt, dass Gladiatoren mit wilden Tieren kämpfen.
Fama est **imperatorem** hodie **advenire.** – Es geht das Gerücht dass der Feldherr heute ankommt.

Jeder AcI kann wie ein normaler Satz durch andere Satzglieder erweitert werden, z. B. durch
- Akkusativ- und Dativobjekte (1),
- Adverbiale (2),
- Attribute (3),
- Prädikatsnomina (4).

Beachte: Bei Attributen und Prädikatsnomina wird die Kongruenz eingehalten, sie stehen also auch im Akkusativ sowie im entsprechenden Numerus und Genus.

(1) Apparet Claudium **canes** amare. – Es ist klar, dass Claudius Hunde liebt.
(2) Apparet Claudium canes **valde** amare. – Es ist klar, dass Claudius Hunde sehr liebt.
(3) Claudius amicos **laetos** esse videt. – Claudius sieht, dass die Freunde fröhlich sind.
(4) Romani gladiatores **viros fortes** esse putant. – Die Römer meinen, dass die Gladiatoren tapfere Männer sind.

Zeitverhältnis

Das **Zeitverhältnis** zwischen der im AcI ausgedrückten Handlung und derjenigen des übergeordneten Satzes bezeichnet die Zeitstufe des Infinitivs, unabhängig davon, in welchem Tempus das Prädikat des übergeordneten Satzes steht.

- Der Infinitiv Präsens steht dabei für die **Gleichzeitigkeit** – die beiden Handlungen geschehen also gleichzeitig.

Scio / Scivi te verum **dicere.** – Ich weiß / wusste, dass du die Wahrheit sagst / sagtest.

- Der Infinitiv Perfekt bezeichnet die **Vorzeitigkeit** – die AcI-Handlung geschieht vor der des übergeordneten Satzes.

Scio / Scivi te verum **dixisse.** – Ich weiß / wusste, dass du die Wahrheit gesagt hast / hattest.

Pronomina im AcI

Personal- und **Possessivpronomina** im AcI sind in der 1. und 2. Person kein Problem, sie werden wie gewohnt verwendet und übersetzt.

Gaudeo amicum **mihi** adesse. – Ich freue mich, dass mir mein Freund hilft.
Gaudeo donum **meum** tibi placuisse. – Ich freue mich, dass dir mein Geschenk gefallen hat.

Aufgepasst: Bezieht sich das Pronomen im AcI auf das Subjekt des übergeordneten Satzes, stehen in der 3. Person die reflexiven Formen des Personal- und Possessivpronomens. Ansonsten werden die nicht reflexiven Formen (Formen von *is, ea, id,* ↑ Kap. 6.1 und 6.2) verwendet.

Rufus amicum **sibi** adesse gaudet. – Rufus freut sich, dass ihm *(selbst)* sein Freund hilft.
Rufus amicum **ei** adesse gaudet. – Rufus freut sich, dass ihm *(einer anderen Person)* der Freund hilft.
Rufus **se** non venisse dolet. – Rufus ist traurig, dass er *(selbst)* nicht gekommen ist.
Rufus **eum** non venisse dolet. – Rufus ist traurig, dass er *(eine andere Person)* nicht gekommen ist.

ÜBUNG 6 **Schärfe deinen Blick für den AcI: Schreibe alle Akkusative heraus, bestimme den Numerus und nenne den Nominativ Singular sowie die Bedeutung.**

equo – arborem – corporis – debebam – deam – hospites – hostibus – iterum – insularum – victorum – victorem – quamquam – pueros

	Numerus	Nom. Sg.	Bedeutung

ÜBUNG 7 **Verbinde die Adjektive im Akkusativ mit einem passenden Substantiv. Übersetze in deinem Übungsheft.**

oppidum senatores puellas pericula amicos navem

velocem laetas Romanos fidos magna novum

ÜBUNG 8 **Unterstreiche den AcI und bestimme Prädikat sowie Subjekt. Übersetze dann den ganzen Satz. Schreibe in dein Übungsheft.**
Beispiel: Marcus dolet vos non venire. → Marcus (Subjekt) dolet (Prädikat) vos non venire (AcI). – Marcus ist traurig, dass ihr nicht kommt.

Tullius servos laborare vidit.

Socratem philosophum esse constat.

Mater servas clamare audivit.

Pater liberos ludere videt.

■ *Vokabeln:* philosophus, -i *m* – Philosoph

WISSEN +

Tipps für die Übersetzung Bereitet dir die Übersetzung des AcI Schwierigkeiten, gehe in kleinen Schritten vor:	Matrem me visitare gaudeo.
1. Lies den ganzen Satz und „scanne" ihn auf Verben des Sagens, Meinens etc. sowie auf Akkusative und Infinitive hin. Meistens steht das Prädikat am Ende des Satzes!	gaudeo: *Prädikat, Verb des Fühlens, das Subjekt ist im Prädikat enthalten;* matrem ... visitare: *AcI*
2. Was gehört noch zum AcI (Objekt, Adverbiale, Attribut)?	me: *Akkusativobjekt im AcI*
3. Übersetze zunächst den übergeordneten Satz.	Ich freue mich.
4. Übersetze den AcI, indem du den Akkusativ zum Subjekt und den Infinitiv zum Prädikat machst.	Meine Mutter besucht mich.
5. Übersetze den ganzen Satz, indem du den AcI als „dass"-Satz wiedergibst.	Ich freue mich, dass mich meine Mutter besucht.

ÜBUNG 9 **Analysiere die folgenden Sätze auf die im Wissen+-Kasten beschriebene Weise. Benutze für den zweiten und den dritten Satz dein Übungsheft.**

1. Liberi avum fabulam narrare gaudent.
2. Constat Cleopatram pulchram fuisse.
3. Nos ad cenam venire posse speramus.

a)

b)

c)

d)

e)

ÜBUNG 10 **Bestimme die Satzglieder, auch innerhalb des AcI. Geh bei Schwierigkeiten wie im Wissen+-Kasten beschrieben vor. Übersetze anschließend in deinem Übungsheft.**

Gaius	Marcum	tristem	esse	putavit.
Iulius	turbam	imperatorem	salutare	audit.
Cornelia	statuas	patris	esse	scit.
Publius	senatorem	praeclarum	in foro	dicere
audit.				

■ *Vokabeln:* tristis, -e – traurig

ÜBUNG 11 **Übersetze die folgenden Sätze. Achte auf das Zeitverhältnis zwischen AcI und übergeordnetem Satz!**

Liberi avum venire gaudent.

Multi Ciceronem oratorem bonum fuisse putant.

Constat magistrum vos non laudavisse.

Parentes te puerum laetum fuisse et semper cantavisse narraverunt.

Cur Rufum stultum esse putas?

ÜBUNG 12 **Kreuze an, ob die folgenden Aussagen zum AcI richtig oder falsch sind.**

	richtig	falsch
1. Der AcI ist eine sehr selten verwendete lateinische Konstruktion.	☐	☐
2. Der AcI hängt von Verben des Sprechens und Meinens ab.	☐	☐
3. Der AcI kann nur von unpersönlichen Ausdrücken abhängen.	☐	☐
4. Der AcI besteht aus einem Akkusativ und einem Infinitiv.	☐	☐
5. Der AcI kann durch ein Objekt, Adverbiale oder Attribut erweitert sein.	☐	☐
6. In der Übersetzung wird der Akkusativ zum Subjekt des übergeordneten Satzes, der Infinitiv zum Prädikat.	☐	☐
7. Das Tempus des Infinitivs im AcI drückt ein Zeitverhältnis aus.	☐	☐

ÜBUNG 13 **Bilde aus zwei Sätzen einen. Der zweite Satz wird jeweils zum AcI. Übersetze anschließend den neu entstandenen Satz. Schreibe in dein Übungsheft.**

Gaius videt: Gladiator praeclarus arenam intrat.
Gaius audit: Turba gladiatorem salutat.
Gaius gaudet: Pugna incipit.
Gaius putat: Gladiator vir fortis est.
Gaius videt: Gladiator bestias vicit.

■ *Vokabeln:* arena, -ae *f* – Kampfplatz

ÜBUNG 14 **Reflexiv oder nicht reflexiv? Ersetze die Substantive in Klammern mit dem richtigen Personalpronomen. Übersetze in deinem Übungsheft.**

Romani ________ (Romanos) omnes hostes vincere putaverunt.

Caesar ________ (Gallos) Romanos vincere posse non putavit.

Lucius magistrum ________ (Lucio, Abl.) contentum non esse dolet.

Pater ________ (magistrum) filium non laudavisse dolet.

Imperator omnes milites ________ (imperatori) adfuisse dixit.

ÜBEN

Klassenarbeit 1

45 Minuten

AUFGABE 1 **Ergänze den fehlenden Infinitiv Präsens bzw. Perfekt.**

duxisse →		facere →	
currere →		legisse →	
interrogare →		dormivisse →	
venisse →		esse →	

AUFGABE 2 **Bilde jeweils den Akkusativ im selben Numerus und nenne das Genus.**

filia	filiam f	bellorum	
fratri		gladio	
laboribus		flumen	
dux		animalis	
insulis		artis	

AUFGABE 3 **Welcher Infinitiv passt? Setze ein und bestimme die Satzgliedfunktion des Infinitivs. Schreibe dazu ein S für Subjekt bzw. ein O für Objekt in die leere Klammer und übersetze in deinem Übungsheft.**

ire – esse – parcere – studere – venire

Victis ______ ( ) humanum est.

Homines felices ______ ( ) student.

Heri ______ ( ) non potuerunt.

Cicero in exsilium ______ ( ) debuit.

Discipulis necesse est ______ ( ).

■ *Vokabeln:* victus, -i *m* – Besiegter, exsilium, -i *n* – Exil, Verbannung

AUFGABE 4 **Verbinde die Satzteile zu sinnvollen Sätzen und übersetze.**

Magister putat	filias cum cane ludere.
Mater videt	hostes oppidum defendisse.
Rufus dolet	vicinum magna voce clamare.
Milites narraverunt	amicum aegrum esse.
Audivimus	discipulos semper pigros esse.

■ *Vokabeln:* piger, -gra, -grum – faul

AUFGABE 5 **Sind die verwendeten Pronomina reflexiv oder nicht reflexiv? Kreuze an. Übersetze anschließend in deinem Übungsheft.**

	reflexiv	nicht reflexiv
1. Mercator se multas statuas vendidisse narrat.	☐	☐
2. Cornelia amicum eorum vidisse putat.	☐	☐
3. Servus domino dicit clientes eum exspectare.	☐	☐
4. Marcus et Gaius amicis dixerunt se apud templum Iovis eos diu exspectavisse.	☐	☐

AUFGABE 6 **AcI oder Infinitiv mit Akkusativobjekt? Unterstreiche das Zutreffende und übersetze anschließend in deinem Übungsheft.**

1. Constat Graecos urbem Troiam dolo expugnavisse. AcI / Infinitiv
2. Romulus urbem novam condere cupivit. AcI / Infinitiv
3. Omnes Ciceronem etiam philosophum fuisse sciunt. AcI / Infinitiv
4. Servae labores mox conficere studebant. AcI / Infinitiv

■ *Vokabeln:* philosophus, -i *m* – Philosoph, conficere – ausführen, erledigen

Klassenarbeit 2

45 Minuten

AUFGABE 7 **Infinitiv Präsens oder Perfekt? Ordne zu. Bilde dann den jeweils fehlenden Infinitiv.**

isse – esse – potuisse – legisse – colere – venisse – incipere – ponere

Infinitiv Präsens	**Infinitiv Perfekt**

AUFGABE 8 **Unterstreiche jeweils den Infinitiv und bestimme seine Funktion im Satz (Subjekt oder Objekt). Übersetze anschließend die Sätze.**

Tempus est Romam ire.

Discipuli, responsum dare properate!

Errare humanum est.

Gaius litteras ad amicum mittere debet.

■ *Vokabeln:* responsum, -i *n* – Antwort, errare – (sich) irren, litterae, -arum *f* – Brief

AUFGABE 9 **Welche Verben oder unpersönlichen Ausdrücke können einen AcI einleiten? Kreuze an.**

☐ narrare	☐ laborare	☐ constat	☐ dolere
☐ properare	☐ dicere	☐ manifestum est	☐ exspectare
☐ sentire	☐ manere	☐ ridere	☐ scire
☐ ludere	☐ gaudere	☐ sperare	☐ esse

AUFGABE 10 **Bestimme das Zeitverhältnis des AcI zum Hauptsatz und übersetze. Schreibe in dein Übungsheft.**

Senecam philosophum esse constat.
Lucius patrem sibi librum donavisse gaudet.
Troiani Graecos urbem expugnare non posse putaverunt.
Nuntius narrat hostes fuga salutem petivisse.

■ *Vokabeln:* fuga salutem petere – sein Heil in der Flucht suchen, fliehen

AUFGABE 11 **Formuliere die folgenden Sätze um, indem du sie von *puto* abhängig machst und einen AcI bildest. Achte auf die richtige Zeit des Infinitivs. Übersetze anschließend. Beispiel: Servi saepe vitam miseram agunt. → Puto servos saepe vitam miseram agere. – Ich glaube, dass Sklaven oft ein elendes Leben führen.**

Etiam servi homines sunt.

Roma urbs ingens est.

Romulus urbem Romam condidit.

Romulus Remum fratrem ira incensus interfecit.

Ulixes homo callidus erat.

■ *Vokabeln:* Ulixes, -is *m* – Odysseus, callidus, -a, -um – schlau

8 Tipps und Tricks

8.1 Bedeutungen erschließen

In lateinischen Texten begegnen dir immer wieder unbekannte Vokabeln. Wenn du ein Wort nicht weißt, kannst du mithilfe des gemeinsamen Wortbestandteils, der **Wortwurzel,** oft die Bedeutung eines Wortes erschließen, denn viele Wörter gehören zur selben **Wortfamilie.** Vielleicht ist dir ein anderes Wort dieser Familie bekannt, von dem du die Bedeutung des unbekannten Wortes erraten kannst.	**liber,** -a, -um – frei **liber**are – befreien **liber**tas, -atis *f* – Freiheit **iust**us, -a, -um – gerecht **iust**itia, -ae *f* – Gerechtigkeit **tim**ere – fürchten **tim**or, -oris *m* – Furcht **tim**idus, -a, -um – furchtsam
Wörter einer Wortfamilie sind durch **Ableitungen** vom Stamm eines Verbs oder Nomens entstanden, an den bestimmte **Suffixe** (Nachsilben) angehängt wurden.	
Typische Substantiv-Suffixe, die an einen Verbalstamm treten, sind: ■ *-tor* m / *-trīx* f / *-sor* m → jemand, der die Handlung des Verbs ausübt ■ *-tiō* / *-siō* / *-ūra* f → Tätigkeit oder Ergebnis der Verbalhandlung ■ *-ium* n / *-or* m → Tätigkeit und Zustand ■ *-men* / *-mentum* / *-ulum* n → Vorgang, Mittel oder Werkzeug	 spectare – schauen → specta-**tor** – Zuschauer exspectare – erwarten → exspecta-**tio** – Erwartung errare – irren → err-**or** – Irrtum vincire – fesseln → vinc-**ulum** – Fessel
Von einem Nominalstamm werden Substantive mit folgenden Suffixen abgeleitet: ■ *-ia* / *-itia* / *-(i)tās* / *-itūdō* f → Eigenschaft	audax, audacis – kühn → audac-**ia** – Kühnheit altus – hoch, tief → alt-**itudo** – Höhe, Tiefe
Auf ein **Adjektiv** weisen folgende Suffixe, die an einen Verbalstamm treten, hin: ■ *-bilis* / *-ilis* → Möglichkeit der Handlung ■ *-ns* → fortwährende Eigenschaft ■ *-idus* / *-uus* → Zustand oder bleibende Eigenschaft	tolerare – ertragen → tolera-**bilis** – erträglich constare – bestehen → consta-**ns** – beständig, standhaft timere – fürchten → tim-**idus** – furchtsam
An einen Nominalstamm werden folgende Adjektiv-Suffixe gehängt: ■ *-eus* / *-ius* / *-īlis* / *-ālis* / *-ōsus* → Eigenschaft des Nomens	aurum – Gold → aur-**eus** – golden periculum – Gefahr → pericul-**osus** – gefährlich

ÜBUNG 1 **Adjektiv, Substantiv oder Verb? Ordne die Wörter anhand ihrer Suffixe zu, auch wenn du sie vielleicht noch nicht kennst.**

spectare – scriptor – terrere – patiens – vacuus – exspectatio – dolere – horridus – censura – timor – mobilis – iactare

Substantiv	Adjektiv	Verb

ÜBUNG 2 **Bilde aus den folgenden Verben Substantive mit dem Suffix *-tor.* Erschließe die Bedeutung der Substantive.**

spectare:

audire:

imperare:

laudare:

orare:

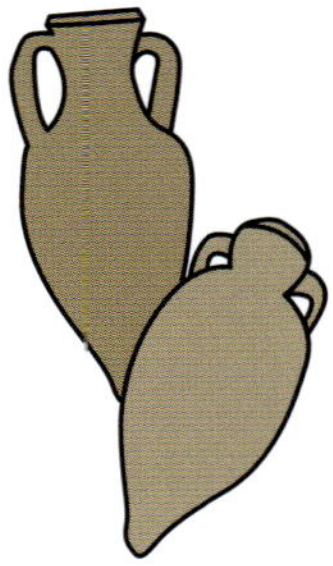

ÜBUNG 3 **Zerlege die folgenden Substantive in Wortstamm und Suffix. Von welchen Adjektiven sind sie abgeleitet und was bedeuten sie?**

magn|itudo laetitia multitudo diligentia superbia
pulchritudo libertas fortitudo dignitas miseria

magnitudo → magnus, -a, -um – groß: Größe

ÜBUNG 4 **Von welchen Verben sind diese Adjektive abgeleitet? Was könnten sie bedeuten?**

vividus

→

validus

→

rapidus

→

cupidus

→

WISSEN

Präfixe (Vorsilben)
Wörter können auch durch Präfixe erweitert sein. Häufige Präfixe, die die Grundbedeutung verändern, sind:

a(b)- – weg-	*ad- – zu-, hin-*
con- – zusammen-	*de- – weg-*
di(s)- – auseinander	*e(x)- – heraus-*
in- – darin-, hinein-	*ob- – entgegen-*
prae- – vor-	*re(d)- – zurück-*

absens, -ntis – abwesend
demens, -ntis – verrückt
exire – herausgehen
recipere – annehmen, zurücknehmen
coniunx, -iugis *f* – Gattin (*aus* con- + iungere – verbinden)

Beachte: Manche Endkonsonanten der Präfixe gleichen sich an den Folgekonsonanten an.

afferre (= ad- + ferre) – herbeibringen
collocare (= con- + locare) – aufstellen

Bei Adjektiven verstärken die Präfixe *prae-* und *per-* die Bedeutung.
Verneinend wirken bei Nomina die Präfixe *in-* und *dis-*, bei allen Wörtern *ne(g)-*.

permagnus, -a, -um – **sehr** groß
praeclarus, -a, -um – **hoch**berühmt
iniuria, -ae *f* – **Un**recht
dissimilis, -e – **un**ähnlich
neglegere – vernachlässigen

ÜBUNG 5 **Trenne bei den folgenden Wörtern die Präfixe ab. Überlege, von welchem Wort sie abgeleitet sind. Was könnten sie bedeuten? Schreibe in dein Übungsheft.**

educere	abesse	perfacilis	deesse	conserva
offerre	infelix	incredibilis	inire	negotium
ingratus	praestare	redire	nescire	incertus

8.2 Texte erschließen

Bei einem kurzen lateinischen Satz ist die Übersetzung leicht. Besteht der Satz aus Haupt-, einem oder mehreren Gliedsätzen und sogar noch einer Infinitivkonstruktion, wird er schnell unübersichtlich. Daher solltest du dir eine Methode zulegen, mit der du jeden Satz „knacken" kannst.

Gaius Tullium videt. – Gaius sieht Tullius.

Achte beim ersten Lesen schon auf die **Satzzeichen.** Ein Komma kann auf den Beginn oder das Ende eines Gliedsatzes oder einer Apposition hinweisen. Mit einem Punkt endet der Satz. Gliedsätze kannst du mit Klammern abgrenzen, das Satzende mit einem Schrägstrich.

Gaius Tullium**,** qui amicus est**,** videt. –
Gaius sieht Tullius, der sein Freund ist.
→ *Komma vor und nach dem Gliedsatz*

Gaius Tullium **[**, qui amicus est,**]** videt. /
Gaius nomen amici vocat. **/** ...

Wichtig sind auch die **Konnektoren** (Konjunktionen, Subjunktionen und Pronomina).
Hauptsatzkonnektoren sind z. B.:

sed – sondern, aber	*autem – aber*
et / -que – und	*quoque – auch*
aut – oder	*itaque – daher*
nam – denn	*enim – nämlich*
at – doch	*tamen – dennoch*

Zu den Gliedsatzkonnektoren zählen u. a.:

postquam – nachdem	*si – wenn*
quia / quod – weil	*cum – als*
ut – wie	*qui, quae, quod – der, die, das*

Gaius nomen Tullii vocat, sed Tullius eum non audit, quia puellam pulchram videt. – Gaius ruft den Namen von Tullius, aber Tullius hört ihn nicht, weil er ein schönes Mädchen sieht.
sed = *Hauptsatzkonnektor* → *Weiterführung des Hauptsatzes*
quia = *Gliedsatzkonnektor* → *Beginn eines Gliedsatzes*

Tipp: Unterstreiche am besten die Konnektoren und überlege dir schon beim Lesen, welche Sinnrichtung sie dem Satz geben.

sed → *einschränkend,* quia → *begründend*

Wenn du dir einen Überblick über die Satzstruktur verschafft hast, kannst du dich an die Feinanalyse wagen. Nimm dir dabei zunächst den Hauptsatz mit all seinen Satzgliedern (↑ Kap. 1.3) vor: Wo ist das Prädikat, Subjekt, Objekt, Adverbiale usw.? Verfahre anschließend entsprechend mit dem oder den Gliedsätzen.

Tullius Gaium non audit **[**, quia puellam pulchram videt**]**. / ...

Hauptsatz:	*Prädikat:* audit
	Subjekt: Tullius
	Akkusativobjekt: Gaium
Gliedsatz:	*Konnektor:* quia
	Prädikat: videt
	Subjekt: im Prädikat enthalten (Tullius)
	Akkusativobjekt: puellam pulchram

ÜBUNG 6 **Verbinde die Konnektoren mit ihrer jeweiligen Bedeutung.**

quia	sowohl ... als auch
cum	nachdem
itaque	und
et ... et	und nicht
aut	daher
-que	weil
postquam	dennoch
neque	oder
tamen	als

ÜBUNG 7 **Welcher Konnektor leitet einen Gliedsatz ein, welcher verknüpft zwei Hauptsätze miteinander? Ordne zu.**

autem – enim – quod – quibus – ut – nam – sed – si – at – quae

Hauptsatzkonnektoren:

Gliedsatzkonnektoren:

ÜBUNG 8 **Verschaffe dir einen Überblick über die folgenden Sätze, indem du genau auf die Satzzeichen achtest. Trenne die Gliedsätze durch Klammern ab und unterstreiche die Konnektoren. Übersetze dann in deinem Übungsheft.**

Liberi avum visitant et villam eius intrant.

Caesar Galliam invasit, nam oppida Gallorum expugnare cupivit.

Si discipuli bene student, magister gaudet. Itaque eos laudat.

Daedalus, postquam in Cretam insulam in exsilium iit, aedificium magnum construxit, in quo postea Minotaurus vivebat.

■ *Vokabeln:* invadere, -vado, -vasi – angreifen, exsilium, -ii *n* – Verbannung, construere, -struo, -struxi – errichten, Minotaurus, -i *m* – Minotaurus (ein Ungeheuer: halb Mensch, halb Stier)

WISSEN

Die Einrückmethode
Um einen Überblick über einen langen Satz zu bekommen, ist die sogenannte Einrückmethode hilfreich. Dabei rückst du alle Gliedsätze ein, sodass ganz links nur das steht, was zum Hauptsatz gehört. Jeder Gliedsatz, der wiederum von einem anderen Gliedsatz abhängt, wird weiter eingerückt.

Cornelius, qui senator est, ad curiam properat, in quam hodie omnes senatores conveniunt, qui ibi orationes habent.

Hauptsatz	Gliedsatz 1	Gliedsatz 2	Gliedsatz 3 usw.
Cornelius,			
qui senator est,			
ad curiam properat,			
in quam hodie omnes senatores conveniunt,			
	qui ibi orationes habent.		
Cornelius,			
der Senator ist,			
eilt zur Kurie,			
in der heute alle Senatoren,			
	die dort Reden halten,		
zusammenkommen.			

ÜBUNG 9 **Analysiere die folgenden Sätze nach der Einrückmethode und übersetze sie. Schreibe die Übersetzungen sowie die Analyse von Satz b) in dein Übungsheft.**

1. Rufus cum amicis per urbem ambulabat, cum subito magistrum viderunt, quem autem hodie videre non cupiverunt, quia in scholam non ierant.
2. Tullia, quamquam dives est, pecuniam sibi deesse dicit, quia puella avara est.

Hauptsatz	Gliedsatz 1	Gliedsatz 2	Gliedsatz 3

Klassenarbeit 1

45 Minuten

AUFGABE 1 Streiche bei den folgenden Infinitiven die Endungen weg, hänge an den Verbalstamm ein passendes Suffix und übersetze die so entstandenen Substantive.

-ium -men -or -mentum

desiderare	desider-	desiderium – Wunsch
fluere		
amare		
certare		
instruere		
studere		
terrere		
impedire		

AUFGABE 2 Zerlege die folgenden Adjektive in Wortstamm und Suffix. Mit welchen Verben sind sie verwandt? Erschließe die Bedeutungen. Schreibe in dein Übungsheft.

probabilis	vacuus	innocens	facilis
amabilis	diligens	continuus	terribilis

AUFGABE 3 Verbinde Stämme und Suffixe zu Substantiven und erschließe ihre Bedeutung anhand der verwandten Adjektive. Schreibe in dein Übungsheft.

liber-
ignav-
sapient-
pauper-
long-
simil-
stult-

-ia
-tas
-itia
-itudo

AUFGABE 4 **Lies den Text aufmerksam durch. Kennzeichne dabei die Gliedsätze mit Klammern, die Satzenden mit Schrägstrichen und unterstreiche alle Konnektoren.**

Romulus et Remus urbem novam condere cupiverunt, sed de regno certaverunt. Postea Remus, cum muros, quos Romulus aedificaverat, vidit, risit. Itaque Romulus dixit: „Nemini muros meos transilire licet!" Remus autem, qui verba fratris neglexit, muros transiluit. Itaque Romulus iratus Remum fratrem interfecit, sed postea se fratrem interfecisse maxime doluit. Incolae autem urbem de nomine Romuli nominaverunt.

■ *Vokabeln:* regnum, -i *n* – Herrschaft, transilire, -silio, -silui – springen über, iratus, -a, -um – zornig, erzürnt, interficere, -ficio, -feci – töten, maxime (Adv.) – sehr, überaus

AUFGABE 5 **Mit welchen anderen Wörtern sind die folgenden aus Aufgabe 4 verwandt?**

regnum	
certare	
aedificare	
iratus	
neglegere	

AUFGABE 6 **Um welche Konstruktion handelt es sich bei dem Ausdruck *se fratrem interfecisse* aus Aufgabe 4?**

Es handelt sich dabei um ...
- ☐ einen Infinitiv mit Objekt.
- ☐ einen AcI.
- ☐ einen Gliedsatz.

AUFGABE 7 **Stelle die Sätze mit Gliedsätzen (s. Aufgabe 4) nach der Einrückmethode dar. Schreibe in dein Übungsheft.**

AUFGABE 8 **Übersetze den ganzen Text von Aufgabe 4. Schreibe in dein Übungsheft.**

Klassenarbeit 2

60 Minuten

AUFGABE 9 **Welche Suffixe sind typisch für Substantive, welche für Adjektive? Ordne zu.**

-itas -uus -sor -alis

-ium -trix -ilis -osus

Substantive | **Adjektive**

AUFGABE 10 **Nenne die Verben, mit denen die folgenden Substantive verwandt sind.**

scriptor

dux

timor

imperator

coniunx

dolor

AUFGABE 11 **Trenne von den Adjektiven die Suffixe ab. Von welchem Substantiv sind sie abgeleitet? Erschließe die Bedeutung.**

n a v a l i s   r e g i u s   p e r i c u l o s u s   u r b a n u s

AUFGABE 12 **Lies den Auszug aus dem Brief Senecas. Unterstreiche alle Satzkonnektoren und bestimme sie in deinem Übungsheft.**

Seneca Lucilio suo salutem dicit.

Cognovi te familiariter cum servis tuis vivere: Hoc prudentiam tuam decet, quia etiam servi homines sunt.

Multis dominis autem odio est cum servis cenare. Qui saepe dominum, qui cenat, circumstant. At eis infelicibus movere labra non licet. Nocte tota ieiuni mutique perstant.

Cogita illum, quem servum tuum vocas, aeque spirare, aeque vivere! Qua de causa vive cum servo clementer. Iudico te recte facere.

Vale!

(nach Seneca, Epistulae morales 47)

■ *Vokabeln:* alicui salutem dicere – jdn. grüßen (Grußformel am Briefanfang), familiaris, -e – vertraut, freundschaftlich, labrum, -i *n* – Lippe, ieiunus, -a, -um – nüchtern, hungrig, mutus, -a, -um – stumm, aeque (Adv.) – gleichermaßen, spirare – atmen

AUFGABE 13 **Trenne das Präfix der folgenden Verben ab und erschließe ihre Bedeutung.**

circumstare

perstare

AUFGABE 14 **Stelle die Sätze mit Gliedsätzen aus dem Text von Aufgabe 12 nach der Einrückmethode dar. Schreibe in dein Übungsheft.**

AUFGABE 15 **Suche aus dem Text von Aufgabe 12 alle Sätze mit AcI heraus und übersetze sie in deinem Übungsheft.**

AUFGABE 16 **Übersetze den ganzen Brief aus dem Text von Aufgabe 12. Schreibe in dein Übungsheft.**

Stichwortfinder